33

독도와 한일관계

-법·역사적 접근-

독도와 한일관계

법 · 역사적 접근

동북아역사재단 편 33

동북아역사재단
NORTHEAST ASIAN HISTORY FOUNDATION

• 발간사

2010년은 일본의 한국 강제병합 100년이 되는 해로서, 한일 간 역사갈등의 극복이 현안이 될 것입니다. 최근 일본에서 하토야마 민주당 정권이 등장함으로써 역사문제의 해결에 대한 기대가 그 어느 때보다 높아졌습니다. 그러나 이러한 긍정적 변화를 거부하는 움직임도 만만치 않을 것입니다. 일본의 독도 영유권 주장이 그 예가 되지 않을까 생각합니다.

일본의 독도 영유권 주장은 온 국민의 이목이 집중되어 있는 사안이고, 선린우호로 나가야 할 한일관계를 일거에 퇴보시킬 수 있는 강한 폭발력을 가지고 있습니다. 『독도와 한일관계』는 바로 그러한 생각에서 독도문제에 대해 학문적으로 접근한 연구 성과물입니다.

『독도와 한일관계』의 편찬에는 동북아역사재단 독도연구소에 재직하고 있는 국제법, 정치학, 역사학 등 5명의 연구자들이 참여하였습니다. 다양한 학문분야의 연구자들이 참여한 만큼 독도를 바라보는 시각 또한 다양합니다. 그런데 그 다양성 속에 담긴 소망은 하나인 듯합니다. 독도를 통해 새로운 한일관계를 만들어보자는 것입니다. 더 이상 독도가 불행했던 과거의 기억들을 되살리는 불쏘시개가 아니라, 미래지향적인 한일관계의 디딤돌이 되길 바라는 마음입니다.

동북아역사재단 독도연구소가 출범한지 1년 여가 지났습니다. 그 동안 독도관련 사항에 대해 연구·조사는 물론, 시민협력 사업 등 다양한 활동들을 수

행해 왔습니다. 그러나 무엇보다 중요한 일은 국제적으로 공신력을 갖는 연구를 수행하고 그 결과를 국제사회에 전파하는 것입니다. 아울러 동북아의 평화와 번영이라는 비전 속에서 바람직한 정책을 개발하고 제시하는 역할을 충실히 감당하는 것입니다.

위와 같은 노력의 일환으로 발간하게 되는 『독도와 한일관계』가 독도관련 연구를 더욱 활성화하고, 독도를 통해 새로운 한일관계를 만들어가고자 하는 이들에게 길잡이가 되길 바라마지 않습니다.

2009년 12월 9일

동북아역사재단 이사장 정재정

| 차례 |

2009년 8월 말 일본에서는 큰 정치적 변화가 있었다. 일본 민주당이 중의원 선거에서 50여 년 만에 정권교체를 이룬 것이다. 제2차 세계대전 이후 지금까지 번번이 역사문제로 한일관계는 어려움을 겪고 있지만, 여전히 역사문제가 현안으로 남아 있다. 언제 다시 한일 양국의 관계를 위협할지 불안하다. 하지만 일본 내 정치변화로 인해 역사문제를 둘러싼 한일관계에도 새로운 전기를 맞이하게 될 것이라는 기대가 그 어느 때보다 크다. 이번의 『독도와 한일관계』는 그러한 기대와 소망을 간직하고 발간되었다.

『독도와 한일관계』는 2008년 8월 독도연구소가 출범한 이후 독도연구소 연구위원들이 집필한 두 번째 연구서이다. 그 첫 번째는 지난 2009년 3월 발간된 『독도문제의 학제적 연구』이다. 이번 연구서에는 모두 5편의 글이 게재되었다. 먼저 국제법 분야 글이 3편으로, 독도와 관련된 해양법적 접근과 국내법 체계 분석을 통해 영토 문제 등 국제법적 이해를 도모하였고, 역사적 사실관계를 국제법적 시각에서 분석 · 평가하고 있다. 국제법 이외에 정치학, 역사 분야의 글도 각각 1편씩 집필하였다.

이 책에 실린 5편 글의 주요 내용은 역시 '독도와 한일관계'이다. 독도는 과거 불행했던 역사를 청산하고 새로운 한일관계의 전기를 마련하는 데 중요한 사안이다. 역사적 사실관계에 대한 정확한 진단과 분석을 통해 독도의 진실을 직시하고 얽혀 있는 현안문제를 풀어보자는 각각의 마음이 어우러져 한권의 책으로 완성되었다. 주요 내용은 다음과 같다.

김용환의 「독도와 한일 해양경계」는 현재 협상 중인 한일 간 배타적 경제수역(Exclusive Economic Zone, 이하 'EEZ') 경계 획정 문제를 집중적으로 다뤘다. 동해상 한국과 일본의 EEZ가 중첩되어 해양경계 획정이 필요한데, 독도의 존재로 인해 그 해결이 쉽지 않기 때문이다.

필자는 이 글에서 해양경계 획정에 관한 최근의 국제재판 사례, 섬과 암석의 법적 지위, 독도의 EEZ 기점 부여의 시사점을 검토하고 그 대응방안에 대해 살펴보았다. 결론적으로 영유권 문제나 해양경계 획정 문제를 국제재판과 같이 승패가 분명해 당사국들에게 분쟁의 앙금을 남기는 해결방식에는 문제가 있다고 본다. 그보다는 오히려 두 나라의 외교 실무진과 전문가들로 구성된 위원회와 같은 조직을 활용하는 것이 더 낫다는 것이다. 즉 해양관련 사안의 복잡성으로 볼 때, 화해와 협력의 정신으로 관련 쟁점의 타협점을 찾아가는 방식이 훨씬 실효성이 있을 수 있음을 강조하고 있다.

유하영의 「근대 한국법체계에서의 영토」는 1876년 '조일수호통상조규'를 시작으로 1910년 '한일합병조약'에 이르기까지의 근대조약과 식민법령 등을 통해 한국의 주권과 영토를 빼앗긴 한국법 체계와 일본의 식민지 법체계를 비교 고찰하였다.

근대 조선의 외국법 도입과 법체계 형성시기에 대한 차이는 있으나, 한국은 근대법 체계를 형성하면서 동시에 법을 통한 일본의 침략과 식민 지배를 받았다. 제2차 세계대전의 종료와 함께 한국은 해방이 되었으나 한국의 법적 지위의 논란과 더불어 연합국과 미군정 통치를 받게 되면서 영토 문제에서 불확실한 결과가 발생하였다. 특히 1910년 한일합병조약에 의한 대한제국의 소멸 여부와 일본 제국헌법의 한국에의 적용 여부 등 법적 쟁점들이 한국과 일본 간 과거사 청산 문제와 더불어 미해결되었다. 또 점령군으로서의 미군은 1945년부터 1948년 대한민국 신 정부가 수립되기까지 수많은 군정법령을 공포하였으나, 한국의 영토에 관한 보다 명확한 입법체제를 수립하지 못하였다. 1952년 연합국과 일본 간 대일강화조약으로 아시아 태평양에서의 제2차 세계대전의 법적 종결 과정에서도 한국은 한국동란을 치르고 있었고, 조약체결 당사자 역시 되지 못했다. 결국 현재의 한일 간의 법적 관계는 1948년 대한민국 제헌헌법과 1965년 한일 기본관계에 관한 조약 등으로 설정된다고 결론짓고 있다.

홍성근의 「일본의 독도 영토 배제 조치의 성격과 의미」는 1667년 『은주시청합기』 이후 1951년 일본 국내법령의 제정에 이르기까지 일본이 독도가 자국의 관할권 내지 권리에 속하지 않는다고 한 조치들이 법적으로 어떠한 의미를 갖고 있는지 살펴보았다. 일본이 독도를 자국의 권리행사 대상에서 제외한 것은 한두 사례에 그치지 않는다. 대표적인 것으로, 19세기 메이지[明治] 정부의 「태정관 지시문」(1877년), 20세기 중반 쇼와[昭和] 시대의 연합국 총사령부 훈령(SCAPIN) 제677호(1946년)와 1951년 일본 총리부령 제24호 등이 이에 해당한다.

그런데 1877년 「태정관 지시문」을 비롯하여 그 이전 문서는 일본이 1905년 이전에는 독도를 영유할 의사와 의지가 없었다는 것을 확인해 주고 있다. 1945년 이후 맥아더 라인과 연합국 총사령부 훈령 제677호, 1951년 일본 국내 법령은 1945년 이후 일본이 독도를 실질적으로 점유한 바가 전무하다는 것을 실증해 주고 있다. 그리고 일본이 독도에 대해서 정당한 영토권원에 입각하여 관할권을 계속적, 평화적으로 행사한 바가 없다. 필자는 일본의 독도 영유권 주장이 1904년 러일전쟁 이후 제국주의 침략전쟁에 의한 점령지의 권리, 나아가 과거 식민지 영토권의 주장이라고 비판을 받고 있는 것은 위와 같은 연유에서 비롯되었음을 강조하고 있다.

곽진오의 「일본의 독도 영유권 주장의 한계」는 한일 간에 있어서 정치적으로 현안이 되고 있는 일본의 독도 영유권 주장의 한계를 '전후 초기 일본 의회 속기록을 중심으로' 분석했다. 속기록에서 일본이 주장하는 독도 영유권 논리는 러일전쟁 이후 독도가 시마네현에 편입되었으며 이후 제2차 세계대전 이전까지 일본의 영유였다는 것이다. 그러나 러일전쟁 이후 한국은 일본의 강압에 의해 독도 영유권 주장은 고사하고 국권 자체의 존립마저 위협을 받고 있었다. 이 때문에 당시 일본이 독도를 시마네현에 강제 편입시켰다 해도 한국으로서는 어떠한 대응도 할 수 없는 상황이었다. 그러나 전후 일본의 패망과 더불어 한국은 독도의 실효지배를 위한 실지회복에 노력한다. 이에 대해 일본은 한국의 움직임에 대응책을 강구하는 과정을 의회에서 논의하게 된다. 그래서 필자는 일본 의회가 독도 영유권에 대한 국가차원의 논리구축을 위해 어떻게 궁리했는지를 당시의 의회 속기록을 통해서 분석하고 있다. 더 나아가서 필자가 밝히고자 하는 것은 일본의 독도 영유권 주장에 대한 논리 구축이 매우 제한적이어서 결국은 일본 의회 스스로가 독도에 대한 논의에 있어서 한계에 직면하게 되었다는 것이다.

김영수의 「근대 독도와 울릉도 명칭 문제를 둘러싼 논쟁과 그 의미」는 근대 시기 울릉도와 독도의 명칭 변화를 한국과 일본을 중심으로 파악하면서 서구의 명칭이 울릉도와 독도 명칭에 어떤 영향을 주었는가를 고찰했다. 일본은 1905년 당시 무주지인 독도를 편입했다는 논리를 성립시키기 위해서 독도에 관한 중립적인 명칭이 필요했던 것으로 보인다. 그런데 일본은 1870~1877년 사이 중앙 정부가 공식적으로 죽도(다케시마)와 송도(마쓰시마)라고 규정하면서 두 섬을 한국의 영토라고 인정했다. 따라서 죽도와 송도라는 명칭을 그대로 사용하면 일본 정부는 무주지에 대한 편입을 주장할 수 없었고, 일본의 고유 영토라고도 주장할 수 없는 상황이었다.

이에 일본 정부는 당시 국내외 지도를 분석하면서 지볼트(Sieblod)가 아르고노트와 다줄레를 정확하게 인식하지 못했다는 사실을 찾아냈고, 서구 지도에서 독도에 대한 명칭이 리앙쿠르, 메넬라이와 올리부차, 호네트 등으로 혼용된 사실을 확인했다. 더구나 일본 정부는 자국이 작성한 일부 지도 중 송도(울릉도)와 리앙쿠르(독도) 등의 명칭을 채택하고 있다는 사실도 주목했다. 결국 일본 정부는 지볼트 때문에 명칭의 혼란을 겪었다고 주장하면서 울릉도와 독도가 한국 영토라는 사실을 부정할 수 있었고, 서구 명칭 중 가장 널리 사용되는 리앙쿠르를 사용하여 독도가 무주지라고 착각하게 만들었던 것으로 보인다. 필자는 근대 독도 명칭 규정 과정을 살펴보면서 한일 양국의 독도문제에 관한 근본적인 입장 차이를 주목했다. 그것은 일본의 정치적인 의도가 독도 명칭 규정에 숨겨져 있다는 점이다.

위 5편의 글은 개별 연구자들의 연구 성과물로서 동북아역사재단 독도연구소의 공식 입장이 아님을 밝혀둔다. 그래서 각 글마다 용어와 개념 정의에 있어 다소 차이가 있을 수 있지만, 개별 연구자들의 연구성과를 최대한 반영하고자 하였다. 아무쪼록 『독도와 한일관계』라는 이 한 권의 책이 독도의 진실을 드러내고 새로운 한일관계를 형성하는 데 조금이라도 보탬이 되었으면 한다.

2009년 12월 9일

독도연구소에서 집필자 일동

독도와 한일 해양경계

동북아역사재단 **김용환**

독도와 한일 해양경계

동북아역사재단 **김용환**

I. 머리말

한일 간 중첩해역의 해양경계와 관련한 쟁점은 크게 두가지로 볼 수 있다. 하나는 대륙붕(continental shelf)[1]의 경계 획정 문제이고 다른 또 하나는 동해[2]상의 배타적 경제수역(Exclusive Economic Zone) 경계 획정 문제이다. 먼저 대륙붕과 관련해서 한일 간에는 경계 획정 협정과 공동개발 협정이 존재한다.[3] 그러나

---

1) 대륙붕은 지질학적 개념으로 연안으로부터 수심 200m의 완만한 경사부분의 해저지역을 지칭하는 대륙변계(continental margin)의 끝단까지 또는 대륙변계의 끝단이 200해리까지 미치지 않는 경우에는 기선으로부터 200해리까지의 거리에 있는 해저(sea-bed) 및 하층토(subsoil)를 말한다. 1958년 대륙붕에 관한 제네바협약 제1조 제1항, 1982년 유엔해양법협약(1982) 제76조 참조.

2) 동해는 아시아 대륙의 동북부, 한반도 및 러시아의 연해주와 일본열도, 사할린섬 등으로 둘러싸인 연해(緣海)로 남북의 길이 약 1,700km, 동서의 최대길이 약 1,110km이며, 넓이는 약 1,007,300km^{2}이다. 국립해양조사원 홈페이지 http : //eastsea.nori.go.kr/east_info.asp.

3) 1974년 1월 체결하여 1978년 6월에 비준완료된 이 조약은 '대한민국과 일본국 간의 양국에 인접한 대륙붕 북부구역 경계 획정에 관한 협정'이 정식명칭이다. 이 협정은 한일

동해에서는 독도의 존재 때문에, 제주도 남부 해역 및 동중국해에서는 중국의 이의 제기로, 한반도 주변의 해양 경계 획정 문제는 해결이 쉽지 않을 전망이다. 당분간 동 해역에서는 어업협정 구역과 대륙붕공동개발 구역의 잠정적·이중적 구조가 지속될 것으로 볼 수 있다. 한편 유엔 해양법 협약의 발효(1994. 11)로 한일 양국은 자국의 영해 기준선으로부터 200해리(海里)[4] 외측 해역에 대해 배타적 권리를 주장할 수 있게 되었다. 이러한 해역을 배타적 경제수역이라 한다. 이러한 배타적 경제수역 제도는 연안국의 입법 또는 선포에 의해 타국에게 인정받을 수 있는 주권적 권리(sovereign rights) 중 하나이다. 동해 연안국인 한국과 일본은 동해상에서 자국의 영해 기점으로부터 200해리까지의 인근 바다에 대해 주권적 권리를 갖는다. 여기서 말하는 주권적 권리란 해저의 상

양국이 대한해협에서 획정한 260해리에 이르는 해양경계 협정으로 등거리 선 원칙에 입각하여 획정되었다. 35개의 점을 연결한 선으로 이뤄진 경계선이 대마도의 존재로 인해 한국 측으로 휘어져 형성된 것이 특징이다. 제주도 동남부에서 포항 앞바다까지 그어진 경계선은 독도의 존재 때문에 그 이북으로 전진하지 못하고 멈추어져 있다. 동 협정에서 양국은 경계선에 걸쳐 존재하는 자원의 효율적인 개발방식에 대해 합의하도록 노력하며, 그러한 합의가 이뤄지지 못하면 제3자에게 중재를 의뢰하여 그에 따른다고 합의했다. 한편, 제주도 남부해역 및 동중국해에는 유전개발과 관련하여 한일 간의 공동개발협정이 체결되어 있다. 이 협정의 정식명칭은 '대한민국과 일본국 간의 양국에 인접한 대륙붕 남부구역 공동개발에 관한 협정'이다. 이 협정은 발효 후 50년간(2028년까지) 유효하며 그 이후 일방의 의사표시로 폐기될 수 있고, 향후 경계 획정에 영향을 미치지 않는다고 규정하고 있다. 그러나 중국측의 강력한 이의제기로 세계 주요 석유회사들이 투자를 기피하는 등 개발은 부진한 상태이다. 해양수산부(2006), 『국제해양분쟁사례연구 IV(양자협정사례)』, 18~59쪽 참조.

4) 海里(Nautical Mile ; Sea Mile)란, 해상의 거리를 나타내는 단위. 1929년 국제수로국(International Hydrographic Bureau : I.H.B)에서 채택한 기준. 위도 45°에서의 지리위도 1′에 대한 자오선의 길이와 같은 1,852m를 1해리로 정하고 있다. 현재 우리나라를 비롯한 미국, 일본, 독일, 호주 등 여러 나라에서 이에 따르고 있으며 이를 국제해리(international nautical mile)라 한다. 하지만 영국은 현재도 1887년에 채택한 영국해협의 평균 위도 1′에 대한 자오선의 길이인 1853.14m를 1해리라 하며 UK 해리라 한다. 두산백과사전 http : //www.encyber.com.

부수역, 해저 및 그 하층토의 생물이나 천연자원의 탐사, 개발, 보존 및 관리를 목적으로 연안국에게 인정되는 권리이다. 해수·해류 및 해풍을 이용한 에너지 생산과 이 수역의 경제적 개발과 탐사를 위한 그밖의 활동에 관한 것 등도 포함된다.[5)]

해양경계 문제는 중첩해역상 도서가 있을 경우 사안이 복잡해지는 양상을 띤다. 특히 도서의 영유권에 관해 당사국 간 다툼이 있거나 도서가 해양경계에 미치는 효과에 대해 이견이 있을 경우 해결이 어려워지는 경향이 있다. 한일 간 해양경계 협상에 뚜렷한 진전이 없는 이유도 일본이 독도에 대한 영유권 주장을 계속하고 있기 때문이다.

다음에서는 한일 간 해양경계 획정에 관한 쟁점을 살펴보려 한다. 이를 위해 도서 영유권 및 해양경계 획정에 관한 최근의 국제재판 사례를 분석하고, 독도에 대한 시사점을 검토하는 한편 그 대응방안에 대해 살펴보고자 한다.

II. 한일 해양경계 획정의 쟁점

1. 직선기선의 문제

국제법상 연안국은 12해리 영해, 24해리 접속수역, 200해리의 배타적 경제수역과 일정한 경우에 있어 350여 해리의 대륙붕을 가질 수 있다.[6)] 따라서 해양경계와 관련해서 가장 먼저 제기될 수 있는 문제 중 하나가 기선(基線)의

5) 유엔해양법협약(1982) 제56조.

6) 유엔해양법협약(1982) 제3조, 제33조, 제57조, 제76조.

문제이다.[7] 기선이란, 영해의 폭을 측정하기 위한 출발선으로 통상기선(normal baseline)과 직선기선(straight baseline)으로 나뉜다. 통상기선이란 연안국이 공인한 대축적지도에 표시된 해안선인 저조선(low-water line along the coast)을 말한다. 직선기선은 해안선의 굴곡이 심하거나 해안을 따라 도서가 산재해 있을 경우 제한적으로 인정된다.[8] 한일 간 배타적 경제수역 해양경계와 관련해서 직선기선이 문제가 되고 있다.

1996년 2월 한일 양국은 200해리의 배타적 경제수역을 선포하게 되었다. 일본은 1977년의 영해법을 개정하여 1996년 8월에 '영해 및 접속수역에 관한 법'(이른바, 신 영해법)과 시행령을 마련하였다. 신 영해법에 따라 일본은 모두 194개 기점을 선포하였는데, 영해 측정 기선으로 과거 '저조시의 해안기선으로부터 12해리'로 되어 있던 통상기선 제도를 포기하고 '곶이나 섬의 선단부를 연결한 기선으로부터 12해리'의 직선기선 제도를 도입했던 것이다.[9]

일본의 직선기선 제도는 다음과 같은 특징을 지닌다. 첫째 직선기선의 길이를 최대 63해리로 제한하였고, 둘째 직선기선의 방향과 해안선의 일반적 방향과의 각도를 일반적으로 20도 이내로 제한했으며, 셋째 섬과 본토와의

---

7) 김대순(2009), 『국제법론』 제14판, 삼영사, 932쪽, 각주 21 참고.

8) 유엔해양법협약(1982) 제7조, "The Court observes that the method of straight baselines, which is an exception to the normal rules for the determination of baselines, may only be applied if a number of conditions are met. This method must be applied restrictively. Such conditions are primarily that either the coastline is deeply indented and cut into, or that there is a fringe of islands along the coast in its immediate vicinity." *Case concerning Maritime Delimitation and Territorial Questions between Qatar and Bahrain, Merits, Judgement, I.C.J. Reports 2001*, para. 212.

9) 吉井淳(1998), 「일본의 영해와 국제해협」, 『양국학자 공동연구-한일관계 국제법문제』, 韓國文園, 473~541쪽.

거리를 최대 60해리 이내로 제한했다는 점이다.[10] 두 섬 간의 거리가 63해리를 넘지 않으면 무조건 직선기선을 채택하는 경향을 보이고 있으며 만(灣)의 입구가 충분히 깊지 못하여 직선기선을 그을 수 없는 지역에도 직선기선을 적용시켰다.[11] 이 직선기선을 기준으로 한일 간 배타적 경제수역의 가상적 중간선을 그을 경우, 1974년 체결된 한일 간 제주도 북부 대륙붕경계협정[12]상의 중간선보다 우리 측에게 불리하게 된다.

일본은 1997년 1월 1일부터 일본 영해로 새로이 선포한 수역에서 조업 중이던 한국 어선[13]을 영해 침범 혐의로 여러 차례 나포하였다.[14] 1997년 8월 13일 동경에서 한일 양국은 일본의 한국 어선 나포 행위 등과 관련하여 제4차 한일어업 실무자 회담을 개최하였다. 이때 우리나라는 직선기선에 의해 새로이 편입된 영해수역에 침입했다는 이유로 일본이 한국 어선을 나포한 것은 1965년 한일 어업협정[15]의 위반 행위이며, 동 협정의 개정을 위해 양국간 실

---

10) 이러한 직선기선의 기준은 '영국-노르웨이 어업분쟁사건'에서 검토된 바 있다. 직선기선의 최대길이에 대해서는 24해리에서 40해리까지 다양한 의견이 있다. 안상준(2000), 「한중일의 배타적 경제수역 경계 획정에 관한 연구」, 경기대학교 통일안보복지전문대학원 석사학위논문, 55~60쪽.

11) 유엔해양법협약(1982) 제7조, 제10조 참조.

12) 1974년 1월 30일에 체결된 한일대륙붕공동개발협정은 제주도 남부와 큐슈 서부 사이의 해역에 관한 합의로서, 한국의 자연적 연장(natural prolongation)에 근거한 대륙붕의 외측한계선과 중간선원칙에 근거한 한일 간의 중간선 사이의 중첩되는 대륙붕을 공동개발구역으로 설정하였다. 김영구(1998), 「한일대륙붕경계 획정에 관한 법적고찰」, 『양국학자 공동연구-한일관계 국제법문제』, 韓國文園, 174~220쪽.

13) 1997년 6월 9일 제909호 대동호와 1998년 1월의 제3만구호 등. 자세한 것은 최종화(2000), 『현대한일어업관계사』, 세종출판사, 276~300쪽 참조.

14) 이는 과거 1952년 제1차 한일 어업회담시 이승만 대통령이 '평화선'을 선포했던 일과 그 이후 평화선 침범사유로 일본 선박을 나포했던 일을 연상케 한다.

15) 1965년 한일 어업협정 제1조 "양 체약국은 각 체약국이 자국의 연안의 기선부터 측정하여 12해리까지의 수역을 자국이 어업에 관하여 배타적관할권을 가지는 수역(이하 '어업에 관한 수역'이라 함)으로서 설정하는 권리를 갖음을 상호 인정한다. 단, 일방체

무자 회의 개최 중에 발생한 이러한 행위는 어업협정 개정과 관련해 자국에게 협상을 유리하게 이끌기 위해 의도된 행위라고 비난하였다. 일본의 직선기선 문제는 한일 간 배타적 경제수역 경계 획정시 반드시 짚고 넘어갈 쟁점 중 하나가 아닐 수 없다.[16)]

2. 한일 어업협정의 문제

한일 간 어업분쟁을 해결하려는 노력은 15세기 조선시대에도 있었다. 일본이 제국주의적 팽창 전략에 의해 불평등조약을 강요할 당시에도 양국 간 어업 관련 분쟁을 다루는 '협약체제'는 있었다. 근세기 들어 한일 간의 어업 관계는 1965년의 「한일기본관계조약」에 기초한 1965년 한일 어업협정을 기본으로 했다. 그러나 1982년의 유엔해양법협약(1982)이 1994년에 발효됨에 따라 배타적 경제수역을 선포할 수 있게 된 한일 양국은 기존의 어업협정을 대체할 새로운 협정이 필요함을 인식하게 되었다.

유엔해양법협약(1982) 제121조에 근거, 연안국들은 자국의 영해 측정 기선으로부터 200해리까지 배타적 경제수역 선포가 가능했다. 1965년 구 한일 어업협정에서 12해리 어업전관수역(EFZ)만 있었던 일본으로서는 새로운 해양질서를 추구할 명분이 생겼다. 그리고 이를 실현시키기 위해서 한국과의 새로

약국이 어업에 관한 수역의 설정에 있어서 직선기선을 사용하는 경우에는 그 직선기선은 타방 체약국과 협의하여 결정한다."(밑줄삽입)

16) 일본의 직선기선의 설정에 대해 우리가 항의하자, 일본은 "한국도 직선기선 설정시 일본측에 협의한 적이 없다"고 이의를 제기했다. 그러나 협상장에서 우리가 과거 직선기선 설정시 일본 공관에 협조공문을 발송한 사실을 제기하자 아무런 답변도 하지 못했다고 한다.

운 어업협정이 필요했던 것이다.[17] 한일 양국은 1996년 5월 제1차 어업 실무자회담을 시작으로 1997년 10월의 제9차 실무자회담에서 일본 측이 주장하는 잠정수역 설치안을 수용하면서 협상이 급진전되었다. 그러나 일본이 자국 어민들의 반발을 이유로 협정의 체결을 미루다가, 1998년 1월 23일 일방적으로 기존의 1965년 한일 어업협정을 파기한다고 통고했다. 1998년 4월 어업 실무자 회담이 다시 개최되고, 7월까지 7차례의 회담을 거듭한 끝에 10월에 최종 문안이 작성되고 마침내, 11월 29일 일본 가고시마[鹿兒島]에서 새로운 한일 어업협정 즉, 「대한민국과 일본국 간의 어업에 관한 협정」(이른바, 신 한일어업협정)이 체결되었다. 이 협정은 국회 비준·동의를 거쳐 1999년 1월 22일에 조약 제1477호로 발효되었다.[18]

17) 1977년 3월 1일 구 소련의 200해리 배타적 경제수역 선포에 대응해 일본도 200해리 어업수역을 선포한 바 있으나, 기존의 어업협정을 체결한 한국과 중국에 대해서는 그 적용을 유보하였다. 북한 역시 1977년에 배타적 경제수역을 선포하였다. 이용일(2003), 「한중일 3국 사이의 양자어업협정과 동중국해 어업질서」, 『국제법 동향과 실무』, 외교통상부 조약국, 통권 제5호, Vol. 2, No. 3, 51~52쪽 ; 외무부, 집무자료 81-36(아일), 51쪽.

18) 전원 재판부 헌재 2001. 3. 21. 99헌마139·142·156·160(병합), 판례집 13-1, 676~736쪽.

III. 해양경계 획정과 도서영유권에 관한 최근 국제재판 사례

1. 흑해 해양경계 획정 사건

1) 사건의 배경

뱀섬(Serpents' Island 일명, 세르팡 섬)은 우크라이나와 루마니아의 해양경계 획정의 걸림돌이었다. 뱀섬은 본래 루마니아의 영토였으나 1948년 구 소련에 양도되었다가 1991년 구 소련 해체 이후 다시 우크라이나로 귀속하게 되었다. 우크라이나와 루마니아 간의 분쟁은 흑해에 있는 두 국가 간 대륙붕과 배타적 경제수역의 경계 획정에 관한 문제였으나, 뱀섬의 법적 지위에 대해서도 이견을 보였다. 그 후 루마니아와 우크라이나는 흑해 해양경계 획정 문제와 해저 개발권을 놓고 1998년부터 6년간 10차례, 전문가 수준의 협상을 포함하면 총 24차례 협상을 가졌으나 합의에 실패했다. 이에 루마니아는 양국이 1997년 6월 2일 체결한 우호협력조약(Treaty on Good Neighborliness and Co-operation, 이하 '1997 우호협력조약') 제2조에 따른 추가협정(The Additional Agreement, 이하 추가협정) 제4조를 근거로 흑해 상 해양경계 획정 문제를 국제사법재판소에 제소했다. 국제사법재판소의 사무처장(registrar)은 1982년 유엔해양법협약(1982) 당사국과 유럽공동체(EC)에 이 사실을 통보했으나 어느 누구도 소견서를 제출할 의향을 보이지 않자 동 사건은 루마니아와 우크라이나 양국 간의 재판으로 개시되었다.[19)]

---

19) *Case concerning Maritime Delimitation in the Black Sea(Romania v. Ukraine), Judgement of 3 February 2009* (이하, *The Black Sea Border Case*), paras. 1-3.

2) 주요 쟁점 : 뱀섬은 암석인가 섬인가?

루마니아와 우크라이나의 분쟁은 결국 흑해 상 양국의 대륙붕 및 배타적 경제수역의 단일 해양경계 획정 문제이다. 이 사건의 주요 쟁점은 국제사법재판소의 관할권 성립 여부, 결정적 기일, 청구의 법적 근거, 뱀섬의 법적 지위 등이다. 특히 뱀섬의 법적 지위는 양국의 해양경계 양상을 좌우할 수 있는 핵심 쟁점이었다.

뱀섬의 법적 지위에 따라 흑해상의 루마니아와 우크라이나의 해양경계는 큰 변화를 겪을 수밖에 없었다. 따라서 우크라이나는 뱀섬을 기점으로 대륙붕과 배타적 경제수역을 주장해 이를 관철시키려는 입장이었고, 루마니아는 뱀섬의 영해만을 인정하겠다는 입장이었다.

(1) 루마니아의 주장

루마니아는 해양경계 획정에 있어서 뱀섬의 지위를 축소시키기 위해 다음과 같이 주장했다. 즉 뱀섬은 0.06km^{2}의 몰티즈 섬(Maltese island)보다 3배 정도 크고 12km^{2}의 아부 무사 섬(Abu Musa island)보다는 70배 정도 작다. 우선 몰티즈 섬은 '리비아·몰타 대륙붕 사건'[20]에서 국제사법재판소에 의해 검토된 바 있지만, 해양경계에 아무런 영향을 미치지 못하는 것으로 판결이 났다. 아부 무사 섬 역시 '두바이와 사자(Sharjah) 간 해양경계 획정 중재판결'[21]에서 검토되었는데, 그 역시 해양경계에 영향을 미치지 못했다.[22] 또한 뱀섬은 암석[23]이

20) *Continental Shelf(Lybian Arab Jamahiriya/Malta), Judgement, I.C.J. Reports 1985*, p. 46, para. 60.

21) Arbitral Award of 19 October 1981(Emirates of Dubai/Sharjah), Jonathan I. Charney & Lewis M. Alexander eds.(2005), *International Maritime Boundaries*, Dordrecht, Boston : Maritnus Nijhoff Publishers, p. 1499.

22) Verbatim Record, *CR 2008/19, in the case concerning Maritime Delimitation*

므로 12해리 영해는 인정할 수 있지만, 그 외에 대륙붕과 배타적 경제수역은 가질 수 없다는 것이다. 그러므로 양국의 배타적 경제수역을 잠정적 등거리 선으로 획정할 때, 뱀섬은 그 기점으로 사용되어서도 안된다는 입장이다.[24)]

(2) 우크라이나의 주장

한편 우크라이나는 록콜(Rockall)과 에디스톤 록(Eddystone Rock)을 예로 들며, 뱀섬은 암석이 아니라 섬이라고 주장했다. 뱀섬에는 물도 있고 야생식물도 있기 때문에 유엔해양법 협약 제121조 제3항의 요건인 '인간의 거주(human habitation)'와 '독자적인 경제생활(economic life of their own)'이 가능하다는 것이다. 뱀섬에 인간의 거주 흔적은 고대로부터 나타났으며, 고고학적 유물이 이를 증명해주며 또한, 뱀섬에 대한 매립작업 등은 갑작스럽게 이루어진 것이 아니라 우크라이나 독립 후 시작된 현대화 작업의 일환으로 1995년에 시작된 것이라고 강조했다.[25)]

in the Black Sea(Romania v. Ukraine), 3 September 2008, p. 55, para. 11.

23) 암석(rocks)의 기준에 대해 Hodgson은 0.001 square miles(27,878 square feet or 2,590m) 미만을 제시하며, 국제수로국(International Hydrographic Bureau, 이하 IHB)는 1 square kilometer(0.3906 square miles 또는 1백만 m^2 미만을 한 기준으로 제시하고 있다. 즉 IHB의 암석은 Hodgson의 암석보다 400배 정도 큰 셈이다. 그러나 이는 단순한 크기만으로 정의를 내리고자 한 노력에 불과하다는 지적도 있다. R. D. Hodgson, "Islands : Normal and Special Circumstances," E. D. Brown(1994), *The International Law of the Sea*, Vol I, UK : Dartmouth Publishing Company Ltd, p. 150.

24) Verbatim Record, *CR 2008/29, in the case concerning Maritime Delimitation in the Black Sea(Romania v. Ukraine), 12 September 2008*, pp. 10~11, para. 31 ; Verbatim Record, *CR 2008/31, in the case concerning Maritime Delimitation in the Black Sea(Romania v. Ukraine), 16 September 2008*, pp. 12~22, paras. 11-48.

25) Verbatim Record, *CR 2008/29, in the case concerning Maritime Delimitation*

이에 대해 루마니아는 유엔해양법협약(1982) 제121조 제3항상 '암석(rock)'과 '섬(island)'이 상호 배타적인 범주는 아니라는 것을 인정했다. 하지만 우크라이나가 뱀섬이 암석이 아니라 섬이라 주장하고, 그 근거로 크기와 해안선에서의 거리를 든 것은 뱀섬의 외형(configuration)과 해안선과의 관계를 강조하여 뱀섬을 직선기선 체제의 한 기점으로 삼기 위한 것이라 지적했다. 또한 뱀섬에 물과 야생식물이 있다는 주장에는 추가적인 설명이나 증거가 필요하다고 반박했다. 잡풀이나 이끼 정도는 있을 수 있으나 물과 관련해서는 어느 정도의 양인지 그리고 그것이 얼마나 빨리 고갈될 수 있는지에 대해 아무런 설명도 없다는 것이다. 루마니아의 조사에 따르면 뱀섬의 평균 강우량은 1mm로 세계보건기구(WHO)의 일일 필수 요구량인 최소 15*l*에 턱없이 부족하다는 것이다. 독자적 거주 가능성과 관련해서 우크라이나가 제시한 것은 하나의 가능성일 뿐이고 실제로 뱀섬에서 인간의 거주나 독자적 경제생활이 어떻게, 언제 가능한지에 대해 설명하려고조차 하지 않았다는 것이다. 아울러 우크라이나가 뱀섬의 크기를 늘린다고 해서 뱀섬의 법적 지위가 달라지는 것이 아니라는 점을 분명히 했다.[26)]

3) 국제사법재판소의 판결

국제사법재판소는 대륙붕이나 배타적 경제수역의 경계 획정 방법은 지난

---

in the Black Sea(Romania v. Ukraine), 16 September 2008, pp. 10~11, paras. 27-35.

26) Verbatim Record, *CR 2008/31, in the case concerning Maritime Delimitation in the Black Sea(Romania v. Ukraine), 16 September 2008*, pp. 12~15, paras. 11-23 ; Verbatim Record, *CR 2008/24, in the case concerning Maritime Delimitation in the Black Sea(Romania v. Ukraine), 16 September 2008*, pp. 10~50, paras. 1-60.

수십 년 동안 단계별로 매우 구체화되었다는 것을 밝혔다. 그 방법이란 먼저 제1단계로, 기하학적으로 객관적이며 그 지역의 형상에 맞는 방법을 사용해 잠정적 중간선(또는 등거리선)을 긋는 것이다. 그 다음 2단계로, 형평한 해결에 도달하기 위해 그 잠정적 중간선을 수정하거나 이동시켜야 할 만한 관련 사정이 있는지 검토하는 것이다.[27]

제1단계에서 국제사법재판소는 '연안도서가 국가의 해안선을 구성하려면 도서의 저조선이 해안선의 일부가 되어야 한다'는 '에리트레아와 예멘 간의 해양경계 획정 중재판결'[28]을 인용하며, 뱀섬은 우크라이나 해안선의 일반적 형상이 아니므로 잠정적 등거리선의 기점이 될 수 없다는 점을 강조했다. 즉 뱀섬은 본토에서 20해리 밖에 홀로 떨어져 있어 우크라이나의 해안선을 구성하는 주변 도서가 아니라는 것이다.[29]

그 다음 제2단계에서 국제사법재판소는 뱀섬의 존재 때문에 루마니아와 우크라이나 간 잠정적 등거리 선을 수정해야 하는지에 대해 검토했다. 국제사법재판소는 뱀섬이 우크라이나 본토로부터 20해리 떨어져 있고, 지형학적 형상이나 루마니아와의 경계 획정 정황을 고려할 때, 뱀섬이 발현 가능한 대륙붕이나 배타적 경제수역의 어떠한 권원도 우크라이나 본토의 해안선이 발현하는 권원으로부터 더 멀리 나갈 수 없다는 입장을 취했다. 왜냐하면 우크라이나 본토 해안선의 남쪽 한계선은 뱀섬이 발현할 수 있는 해역을 다 포함한다고 보았기 때문이다. 더구나 우크라이나가, 뱀섬이 유엔해양법협약상 제

27) *The Black Sea Border Case*, para. 115~120.

28) Award of the Arbitral Tribunal in the Second Stage of the Proceedings between Eritrea and Yemen(Maritime Delimitation), 17 December 1999, *R.I.A.A.*, Vol. XXII(2001), pp. 367~368, paras. 139~146.

29) *The Black Sea Border Case*, para. 149.

121조 제2항의 범주에 든다고 간주했으면서도 이를 반영해 관련 지역의 한계를 더 확장하여 주장하지 않은 점을 지적하며, 뱀섬이 고려대상에서 배제됨을 명확히 했다.[30]

결론적으로 국제사법재판소는 뱀섬의 법적 지위에 대해 "뱀섬은 해안선의 일반적 형상의 일부를 이루지 못하기 때문에, 양 당사국의 해안선의 잠정적 등거리 선의 기점이 될 수 없으며, 잠정적 등거리 선을 수정할 만한 관련 사정도 되지 못한다"고 판시했다.[31]

4) 시사점

이번 판결은 국제사법재판소가 섬과 암석의 구별기준을 명확히 할 수도 있었다는 점에서 국제적으로 관심을 끌었던 사건이었다. 특히 뱀섬의 법적 지위에 대한 국제사법재판소의 견해는 독도가 한일 간 해양경계에 어떠한 영향을 가질 수 있는지 짐작해 볼 수 있다는 점에서 더욱 그랬다.

결국 국제사법재판소는 뱀섬의 대륙붕이나 배타적 경제수역을 인정해야 한다는 우크라이나의 주장을 배척하고, 12해리 영해만을 인정했다. 이와 같은 점에 비추어 볼 때, 국제사법재판소는 뱀섬을 암석으로 보았다고 볼 수 있다. 그렇다면 암석인 뱀섬이 잠정적 등거리 선을 수정할 관련 사정이 되지 못하는 이유도 논리적으로 일관성을 갖는다. 그런데 국제사법재판소는 뱀섬의 법적 지위에 대해 명시적 판단은 유보한다는 입장을 취했다. 이는 "뱀섬의 법적 지위가 유엔해양법협약(1982) 제121조 제2항 또는 제3항 어디에 해당하며, 본 사건과 어떠한 관련이 있는지에 대해서 판단할 필요가 없다"는 언급에서

---

30) *The Black Sea Border Case*, paras. 185~188.

31) *The Black Sea Border Case*, paras. 185~188.

확인할 수 있다.[32)]

흑해상 대륙붕 및 배타적 경제수역 경계 획정에 있어서, 뱀섬이 암석인지 섬인지를 밝히는 문제는 매우 중요하다. 그런데 국제사법재판소는 뱀섬 문제가 루마니아와 우크라이나 양국의 법적 쟁점이라 인정하면서도,[33)] 그에 대한 판단을 유보한 것은 선뜻 이해가 되지 않는다.

또한 국제사법재판소가 뱀섬이 관련 사정이 되지 못하는 이유로 제시한 논거에도 의문점이 남는다. 국제사법재판소의 논거는 첫째, 본 사건의 경계 획정 대상수역이 우크라이나의 본토 해안선에서 200해리 이내에 있다. 둘째, 뱀섬이 본토 해안선에서 20해리 떨어져 있다. 셋째, 우크라이나가 뱀섬을 기점으로 하여 본토에서 발현해 낼 수 있는 해역보다 더 멀리 주장할 수도 있었는데 그렇게 하지 않았다는 점을 들었다.[34)]

그런데 첫째 논거는 흑해가 중첩해역이라는 표현에 다름 아니며, 둘째 논거는 뱀섬이 본토 해안선으로부터 20해리 떨어져 있어서 이를 인정하면, '지리의 사법적 재편(judicial refashioning of geography)'이 된다 하여 이미 기점이 될 수 없는 이유로 제시한 바 있다. 셋째 논거는 뱀섬이 관련사정이 될 수 없는 것과 어떠한 관련이 있는지 의문이다. 연안국은 주변상황을 고려할 경우 모든

32) "…… In the light of these factors, the Court concludes that the presence of Serpent's Island does not call for an adjustment of the provisional equidistance line. In view of the above the Court does not need to consider whether Serpents' Island falls under paragraphs 2 or 3 of Article 121 of UNCLOS nor their relevance to this case," *The Black Sea Border Case*, para. 187.

33) "The Parties disagree as to the proper characterization of Serpents' Island and the role this maritime feature should play in the delimitation of the continental shelf and the Parties' exclusive economic zones in the Black Sea," *The Black Sea Border Case*, para. 179.

34) *The Black Sea Border Case*, para. 187.

해역에서 대륙붕이나 배타적 경제수역의 외측 한계를 반드시 200해리까지 주장할 필요는 없기 때문이다.

이러한 점으로 볼 때, 국제사법재판소가 뱀섬의 법적 지위라는 핵심 쟁점에 대해 그 판단을 의도적으로 회피한 것으로 볼 수 있다. 이는 해양경계 분쟁 중인 국가들에게 아쉬움이 큰 대목이다. 다만 법적 지위에 대한 쟁점을 관련사정 한가지로 제한하는 이유로써 '매우 작은 섬'에 대한 언급을 지적하고 싶다.

> 법원은 어떤 접근 방법이 검토 중인 경계선에 불공정한 결과를 준다면, 경우에 따라 매우 작은 섬은 고려하지 않거나 섬의 해역에 대한 전부 효과를 주지 않도록 결정할 수 있다.[35)]
> [T]he Court may on occasion decide not to take account of very small islands or decide not to give them their full potential entitlement to maritime zones, should an approach have a disproportionate effect on the delimitation line under consideration. [강조삽입]

상기 언급에서 국제사법재판소가 언급한 '매우 작은 섬'은 중첩해역을 가진 국가 간의 잠정적 경계선을 수정할 때 고려해야 할 한 가지 기준을 제시한 것이다. 즉 '매우 작은 섬'의 존재를 고려해, 그 섬이 발현 가능한 해역에 대해 전부 효과(full potential entitlement)를 줄 경우, 이는 형평에 맞지 않는 결과를 초래할 수 있다는 것이다. 이런 경우 '매우 작은 섬'은 경계 획정시 완전히 무시되거나 또는 그 권원으로서의 지위는 매우 제한적이 될 수 있다는 것을 시사한다. 그렇다면 국제사법재판소가 유엔해양법협약(1982) 제121조 제2항과 제3항상 암석과 섬을 구별하는 기준으로 '면적'을 고려하고 있는 것이 아닌가 하

35) *The Black Sea Border Case*, para. 185.

는 의문이 든다. 그러나 이러한 의문점은 명확히 해결되지 않은 채 결국 추후 과제로 남겨졌다.

2. 페드라 브랑카 섬 사건

1) 사건의 개요

페드라 브랑카는 무인도서로서 길이 137m, 평균 폭이 60m(저조시 면적 약 8,560m²)의 화강암 지대이다. 인도양과 남중국해를 잇는 국제무역항로이자 매일 900여 척의 선박이 통항하는 싱가포르 해협의 동쪽 입구에 위치하고 있다. 싱가포르에서 동쪽으로 약 24해리 정도 떨어져 있고, 말레이시아의 조호르 지방에서 약 7.5해리, 인도네시아의 빈탄 섬에서 약 7.6해리 정도 떨어져 있다. 한편 미들락스는 페드라 브랑카로부터 남쪽으로 약 0.6해리 떨어져 있으며, 항상 수면 위에 있는 두 개의 암초 군이다. 사우스 레지는 페드라 브랑카로부터 남서쪽으로 약 2.2해리 떨어져 있는 간출지(low-tide elevation)이다.[36)]

2) 청구 취지

싱가포르와 말레이시아는 페드라 브랑카 섬의 영유권이 누구에게 있는지 국제사법재판소의 판결을 구했다. 싱가포르는 "미들락스, 사우스 레지는 페드라 브랑카의 속도(屬島)로서 불가분의 일체를 이루며, 페드라 브랑카의 영유

36) 북위 1°19′48″과 동위 104°24′27″과 「말레이시아와 싱가포르의 도서분쟁사건」 판결 *(Sovereignty over Pedra Branca/Pulau Batu Puteh, Middle Rocks and South Ledge (Malaysia/Singapore), Judgement of 23 May 2008*, 이하, *The Pedra Branca Case)*과 관련해서는 「페드라 브랑카, 미들락스 및 사우스레지의 영유권에 관한 ICJ판례분석」, 『국제법학회논총』 제53권 제2호, 11~30쪽 참조.

권을 가지는 국가가 나머지 모두를 가진다"고 주장했다.[37] 말레이시아는 "이들 세 개의 개체가 역사적으로나 지형학적으로 하나로 취급된 적이 없으며, 별개로 취급되어야 한다"고 강조하였다.[38]

3) 판결

국제사법재판소는 2003년 7월 23일 서면 절차를 개시한 이래, 2007년 11월 23일 약 보름간의 구두변론 절차(oral proceedings)를 거쳐, 6개월간의 심리 절차를 마친 후, 2008년 5월 23일 다음과 같은 판결을 내렸다.

> 페드라 브랑카의 영유권은 싱가포르에게 있고(12 : 4), 미들락스의 영유권은 말레이시아에게 있으며(15 : 1), 사우스 레지는 양국의 영해 중첩 수역에 있으므로 추후 경계 획정에 따라 결정될 것이다(15 : 1).[39]

말레이시아와 싱가포르는 이번 국제사법재판소 판결을 수용할 것임을 밝혔는데, 싱가포르의 외무장관 조지 여(George Yeo)와 말레이시아 외무장관 라이스 야팀(Rais Yatim)은 "결과에 상관없이 국제사법재판소 판결을 수용한다"는 공동성명을 발표(2008. 4. 18)하기도 했고, 판결 이후 말레이시아는 "페드라 브

37) *The Pedra Branca Case*, para. 279.

38) *The Pedra Branca Case*, para. 284.

39) 괄호 안은 찬반투표 수. *The Pedra Branca Case*, para. 300. 이번 재판에서는 임시재판관이 2인 선출되어 총 17인이 재판에 참여할 수 있었다. 그러나 재판소장인 히긴스(R. Higgins)가 국제사법재판소 규정 제17조 제2항에 따라 사건을 회피해 빠짐으로서 16인이 투표에 참석해 결정했다. 히긴스는 국제사법재판소 재판관이 되기 전 싱가포르가 이 사안에 대해 자신에게 의견을 물었던 사실이 있다며 사건을 회피했는데, 이 같은 사실을 판결 직후, Channel News Asia와의 인터뷰(2008. 5. 23)에서 밝힌 바 있다. http : //asia.news.yahoo.com/080523/5/singapore349551.html.

랑카를 잃은 것은 유감이나 미들락스를 얻었으므로 수용하겠다"는 입장을 표명(2008. 5. 24) 하기도 했다.[40)]

4) 시사점

국제사법재판소가 간출지인 사우스 레지의 영유권은 양국의 해양경계 획정 결과에 따라 결정될 것이라고 판시하자, 말레이시아는 사우스 레지가 미들락스의 영해 내에 있으므로 당연히 자국의 영토라고 주장했다. 한편 싱가포르 역시 페드라 브랑카에서 2.2해리 떨어진 사우스 레지를 자국의 영해 내에 위치한 것으로 볼 수밖에 없는 상황이다.[41)] 그러므로 양국의 해양경계 획정 문제는 유엔해양법협약(1982) 등 국제법에 따라 협의해 나갈 것으로 기대된다.

국제사법재판소의 이번 판결은 싱가포르와 말레이시아 간의 도서 분쟁을 완전히 해결하지 못하고, 두 나라 간 또는 주변국가와의 해양경계 획정 문제를 남겼다는 점에서 아쉬움이 남는 판결이었다. 특히 사우스 레지 문제는 양국의 해양경계 획정 결과에 따를 것을 판시했다는 점에 주목할 필요가 있다.

---

40) http : //www.bernama.com.

41) 싱가포르는 이미 외교부 성명을 통해 "페드라 브랑카는 12마일 영해와 200해리 배타적 경제수역을 갖는다"고 선포(1980. 9. 15)하면서, 적절한 시기에 영해와 배타적 경제수역의 좌표를 공포하겠으며, 국제법에 따라 주변국가와 중첩해역에 관한 협상을 통해 합의된 경계선을 도출할 것을 밝힌 바 있다. http : //www.mfa.gov.sg.

IV. 섬과 암석의 법적 지위

1. 섬의 정의

섬에 관한 한 법적인 섬의 정의와 지질학적 섬의 정의의 구별이 필요하다. 물론 지질학적 섬의 정의를 바탕으로 법적인 섬의 정의도 나올 수 있다는 것은 자명한 사실이다. 그러나 여기서 섬의 정의에 대한 논의 목적은 영해를 비롯한 해양관할권의 권원으로서 "육지가 해양을 지배한다(land dominates sea)"는 원칙의 연원인 섬을 정의하기 위한 것이다. 즉 국제법상의 섬의 정의가 필요한 것이다.

1) 1930년 헤이그 법전화 회의

섬을 정의하기 위한 국제법적 시도는 우선 1930년 헤이그 법전화 회의를 들 수 있다. 비록 조약으로 채택되지는 못하였으나 섬의 정의에 관한 조문 초안이 작성되었다는 데 의의가 있다. 여러 가지 논의를 거쳐 헤이그 회의 제2위원회 제2소위원회에서 채택된 초안은 다음과 같다.

> 모든 섬은 그 자신의 영해를 가진다. 섬은 항상 만조점 위에 있는 물로 둘러싸인 육지영토이다.

네덜란드의 간출지 주장이나 독일의 인공섬 주장은 받아들여지지 않았다. 이때 영국의 초안이 주목할 만한데 그 내용은 다음과 같다.

섬은 정상적인 상황에서 항상 수면위에 있으며 바닷물로 둘러싸인 영토이다. 섬은 실효적인 점유와 사용이 불가능한 영토를 포함하지 않는다.[42]

이때 영국이 지적한 '점유와 사용 가능성' 주장은 이를 배제하자는 미국의 주장이 채택되어 결국 섬의 정의에는 반영되지 않았다.[43]

2) 1958년 영해 및 접속수역에 관한 제네바협약

1958년 영해 및 접속수역에 관한 제네바협약 제10조 제1항에는 섬을 다음과 같이 정의하고 있다.

섬이란 만조 시 수면 위에 있으며, 물로 둘러 싸여 있고, 자연적으로 형성된 육지 지역이다.[44]

그런데 1958년 대륙붕에 관한 제네바 협약 상에는 '섬'에 대해 규정하고 있지 않다. 대륙붕을 갖는 섬의 기준에 대한 단서 즉, 예를 들면 "섬의 크기, 인간의 거주 가능성, 독자적 경제생활의 영위 가능성"과 같은 것을 전혀 제공하고 있지 않은 것이다. 1920년대 이래 인간이 거주할 수 없는 단순한 암초나 작은 섬 주위의 해역에는 연안국이 권원을 요청하지 못하도록 하는 움직임이 있었고, 유엔해양법협약(1982) 제121조에서 그러한 노력이 결실을 맺었다.[45]

---

42) C. R. Symmons(1979), *The Maritime Zones of Islands in International Law*, The Hague : Maritnus Nijohoff Publishers, p. 30.

43) S. N. Nandan & S. Rosenne(1995), *United Nations Convention on the Law of the Sea 1982 : A Commentary*, The Hague : Martinus Nijhoff Publishers, Vol. 3, pp. 475 · 479.

44) 1958년 영해 및 접속수역에 관한 제네바협약 제10조 1항 "An Island is a naturally formed area of land, surrounded by water, which is above water at high tide."

3) 1982년 유엔해양법협약

(1) 유엔해양법협약 제121조

유엔해양법협약(1982) 제121조 제1항상 섬의 정의는 1958년 협약과 동일하게 규정되어 있으며 제2항도 마찬가지인데, 다음과 같다.

> 제3항에 규정된 경우를 제외하고는 섬의 영해, 접속수역, 배타적 경제수역 및 대륙붕은 다른 영토에 적용가능한 이 협약의 규정에 따라 결정한다.[46]

그러나 영해를 갖는 섬이라고 해도 모두 다 배타적 경제수역이나 대륙붕을 갖는 것은 아니다. 배타적 경제수역과 대륙붕을 갖는 섬의 지위에 관해서는 제3항에서 제한을 가하고 있기 때문이다. 제3항에서는 다음과 같이 규정하고 있다.

> 인간이 거주할 수 없거나 독자적인 경제활동을 유지할 수 없는 암석은 배타적 경제수역이나 대륙붕을 가지지 아니한다.[47]

여기서 배타적 경제수역을 가질 수 있는 섬의 지위를 누리기 위해서는 두 가지 요건이 필요함을 알 수 있다. 즉 인간의 거주(human habitation) 요건과 독자

---

45) R. D. Hodgson, p. 148.

46) 유엔해양법협약(1982) 제121조 2항 "Except as provided for in paragraph 3, the territorial sea, the contiguous zone, the exclusive economic zone and the continental shelf of an island are determined in accordance with the provisions of this Convention applicable to other land territory."

47) 유엔해양법협약(1982) 제121조 3항 "Rocks which cannot sustain human habitation or economic life of their own shall have no exclusive economic zone or continental shelf."

적 경제생활(economic life of their own) 요건이 그것이다. 여기서 명칭이 섬(island)인지 암석(rock)인지는 중요하지 않다.

4) 검토

제3차 유엔해양법 회의때 배타적 경제수역과 대륙붕의 외측 한계가 영해기선으로부터 측정되어야 한다는 거리 기준이 제시되었다. 또한 대양의 작은 섬을 기점으로 광활한 해양 관할권을 행사할 가능성이 제기됨으로써 섬의 종류를 구별하자는 논의도 촉발되었다.[48)]

섬의 구별을 찬성하는 국가는 주로 아프리카 국가들이었다. 14개 아프리카 국가들이 제시한 초안에서는 섬의 크기, 인구, 본토와 섬의 인접성, 섬이 다른 영토의 대륙붕상에 위치하였는지의 여부 그리고 섬의 지질학적 및 지형학적 구조와 외형을 포함한 모든 관련 요소와 사정들을 고려하여 형평의 원칙에 따라 결정되어야 한다고 규정하였다. 특히 몰타는 면적 기준을 강조했는데, 섬의 면적이 $1km^2$ 이상이어야 하며, 면적 $10km^2$ 이하는 12해리 영해만 인정하자는 입장이었다. 유럽 국가로는 루마니아가 섬의 차별을 가장 강력히 주장하였다. 특히 루마니아는 사람이 거주하지 않고 경제활동이 없으며 대륙붕상에 위치한 소도(islet)와 작은 섬(small island)은 대륙붕이나 기타 그와 같은 성질의 해양수역을 가지지 않는다는 초안을 제시한 바 있다.[49)]

그 외 서구 선진국(프랑스, 이탈리아, 영국)과 대부분의 국가들(멕시코, 콜롬비아, 베네수엘라, 기타 태평양 도서국가들)은 섬의 종류 구분에 동의하지 않았다. 특히 영국은 이미 섬으로부터 발현 가능한 해양수역에 관한 규칙이 국제 공동체 내에 설정되

48) S. N. Nandan & S. Rosenne(1995), pp. 475·479.

49) United Nations Office for Ocean Affairs and the Law of the Sea(1988), *The Law of the Sea : Régime of Islands*, pp. 14～19.

어 있다고 보았다. 하지만 면적, 인구, 위치, 정치적 지위 같은 기준에 따라 섬을 구분하려는 접근법이 모든 경우에 형평한 결과를 도출할 수 있을 것으로는 보지 않았다. 또한 과거 유인도였으며, 자급자족하던 섬들이 일시적 또는 장기적인 기후 변화나 경제 사정의 변화로 무인도가 될 수 있다는 점을 지적했다. 또 면적 기준에 대해서도 면적이 매우 큰 섬이라 할지라도 인구가 거의 없는 섬이 있는 반면, 매우 작은 섬이라 할지라도 인구가 많은 섬도 있으며, 더욱이 어떤 국가는 본토가 어느 섬인지 구별이 안되는 경우도 있다는 것이다.[50)]

유엔해양법협약(1982) 제121조 상 섬의 정의는 앞서 논의한 바 대로 1958년 협약 상 섬의 정의와 동일하다. 기존 섬 제도의 변화는 유엔해양법협약(1982) 제121조 제3항인 것이다. 이 조항에서 "인간이 거주할 수 없거나 독자적인 경제생활을 유지할 수 없는 암석은 배타적 경제수역이나 대륙붕을 가지지 않는다"는 내용은 루마니아의 초안을 기초로 한 것이다. 이 조항 내용에 대해 영국, 일본, 브라질, 포르투갈, 이란, 에콰도르 등의 국가들은 삭제를 요구하였다. 이에 대해 루마니아, 동독, 소련, 한국, 덴마크, 트리니다드 토바고, 콜롬비아, 터키 등은 유지를 지지했다.[51)]

결론적으로 제3차 유엔해양법 회의에 대다수 국가들이 참여하고 논의한 결과 출범한 유엔해양법협약(1982) 매우 중요한 조약이며, 제121조 제3항의 규칙 역시 국제적으로 승인된 규칙이라 볼 수 있다. 이 조항의 명문으로 볼 때, 암석이 배타적 경제수역이나 대륙붕을 가질 수 없는 것은 명백하다. 다만 암

50) United Nations Office for Ocean Affairs and the Law of the Sea(1988), pp. 65~66.

51) United Nations Office for Ocean Affairs and the Law of the Sea(1988), pp. 105~109.

석의 정의가 불확실한 것이 문제이며 이에 대한 해답은 앞으로 국제 공동체가 풀어야 할 주요 과제 중 하나일 것이다.[52)]

2. 암석의 정의

1) 암석 정의의 모호성

과거 1958년 제네바 영해 협약과 대륙붕 협약상 섬은 소도나 암석을 구별하지 않았다. 제3차 해양법 회의시 베네수엘라는 "암석의 정의가 애매모호하며 제121조 제3항의 조건은 실제 적용과 관련해 기준을 확립하는 것이 불가능하다"고 지적한 바 있다.[53)]

2) 암석의 면적 기준에 관한 논의

제3차 유엔해양법 회의 과정에서 논의된 바 있는 소도(islet)를 제121조 제3

52) 영국은 인간의 거주가 불가능한 록콜(Rockall) 섬에 대하여 1964년부터 1978년까지 대륙붕 및 200해리 어업수역을 주장하였다가 주변국의 항의가 빗발치자 1999년 유엔해양법협약(1982) 가입시 이러한 주장을 철회한 바 있다. 한편 호주는 독도보다 면적이 작은 몇몇 암석(Ashmore, Reef, Cartier Island, MaDonald Island)에 대해 배타적 경제수역 주장을 굽히지 않고 있다. 또한 프랑스도 1978년 멕시코 남쪽 태평양상의 클립퍼튼(Clipperton) 섬과 일부 섬(Bassas da India, St. Paul)에 배타적 경제수역을 선포하고 있고, 멕시코도 자국 연안의 무인도서(Isla Roca Partida)에도 배타적 경제수역을 선포하고 있다. C. R. Symmons(1979), pp. 125～126 ; R. R. Churchill and A. V. Lowe(1999), *Law of the Sea*, Manchester : Manchester University Press, pp. 163～164 ; 이창위(2006), 「독도주변수역의 경계 획정문제」, 『2006 독도세미나 자료집』 2006년 KMI 독도연구센터 · 대한국제법학회 제3차 공동학술세미나 '독도문제와 국제법', 한국해양수산개발원, 11～12쪽.

53) United Nations Office for Ocean Affairs and the Law of the Sea(1988), pp. 97～103.

항의 암석으로 보는 견해도 있다.[54] 그러나 앞서 루마니아가 크기에 따라 섬을 분류한 것에 대해 트리니다드 토바고는 "섬과 소도와 유사한 섬 사이의 경계를 말하지 않고 있다"고 지적[55]한 바 있는 등 국제적으로 합의된 객관적 기준이 없다는 점, 그리고 제121조 제3항에 크기에 대한 명시적 언급이 없는 점 등으로 볼 때, 면적만으로 암석과 섬을 구별하는 기준으로 삼기에는 무리가 있는 것으로 판단된다.

3) 인간 거주 및 경제활동 요건

인간의 거주나 독자적 경제활동 기준이 유엔해양법협약(1982)에서 암석과 섬을 구별하는 유일한 기준이다. 그러나 문제는 이러한 기준이 신기술의 발견이나 생활여건의 변화에 따라 가변적이라는 데 있다. 즉 암석의 정의가 주장 당시의 사회적 및 경제적 여건에 의해 변할 수 있다면, 과거에 인간의 거주나 경제활동이 불가능한 암석이었다 하더라도 인간의 전략적 투자에 의해 얼마든지 배타적 경제수역이나 대륙붕을 가질 수 있는 섬이 될 수 있다는 결론도 가능해진다.[56] 이런 전제하에 암석이 배타적 경제수역이나 대륙붕을 가지기 위해서, 인간의 거주 가능성이나 독자적 경제활동 모두 충족해야 하는지, 또는 어느 하나만 충족시키면 되는지 의문이 들 수 있다. 이와 관련해서 두 가지 견해가 있다. 하나는 두 요건 모두 충족시켜야 한다는 것과 또 하나는 어느 하나만 충족시키면 된다는 견해이다. "조약문의 문맥 및 조약의 대상과 목적

54) M. Gjetnes(2001), "The Spratlys : Are They Rocks or Islands?," *Ocean Development and International Law,* Vol. 32, p. 199.

55) United Nations Office for Ocean Affairs and the Law of the Sea(1988), p. 57.

56) J. I. Charney(1999), "Rocks that cannot sustain human habitation," *American Journal of International Law*, Vol. 93, p. 867.

으로 보아 그 조약의 문언에 부여되는 통상적 의미에 따라 성실하게 해석되어야 한다"[57]는 비엔나 조약법 협약의 해석 원칙에 비추어 볼 때, 또한 "조약의 체결에 관련하여 모든 당사국 간에 이루어진 그 조약에 관한 협의"[58]를 고려해보면 제121조 제3항의 두 요건 중 어느 하나만 충족시키면 된다고 볼 수 있다. 이는 루마니아의 초안이었던 "인간이 거주하지 않고 경제활동이 없는" 소도란 표현이 받아들여지지 않았던 데에서 확인할 수 있다.[59]

그런데 인간의 거주 요건은 실제로 인간의 거주 여부와 거주 가능성 중 어느쪽인가 의문이 들 수 있다. 그러나 여기서 말하는 인간의 거주 요건은 암석 위에 인간의 실재 거주 여부보다는 식수나 경작 가능한 토지, 숙소 등 공동체가 형성될 수 있는 안정적 기반을 의미한다고 보아야 할 것이다.[60]

한편 독자적 경제활동의 의미 역시 자급자족을 의미하는 것으로 보기는 어려울 것이다. 이 역시 실제 경제활동 여부보다는 그 가능성을 의미하는 것으로 보아야 할 것이다. 따라서 암석에 인간이 거주하지 않는 경우라 할지라도 주변수역에 상업적 가치가 있는 자원이 있어 이를 개발해 경제생활이 유지 가능하다면 경제활동 기준은 충족된다고 볼 수 있을 것이다. 물론 단순히 영해에 자원이 존재한다는 것만으로는 불충분하며 일정기간 이상의 경제적 가치를 보여주어야 할 것이다.[61]

57) 1969년 조약법에 관한 비엔나 협약(이하, 비엔나 조약법협약) 제31조 제1항.

58) 비엔나 조약법협약 제31조 제2항(a)호.

59) United Nations Office for Ocean Affairs and the Law of the Sea(1988), p. 30.

60) E. D. Brown(1994), *The International Law of the Sea*, Vol. I, UK : Dartmouth Publishing Co., p. 150.

61) J. I. Charney(1999), p. 871. 그러나 경제활동의 범위에 카지노나 천문대, 위성추적소 설치 등이 포함된다는 주장은 무리가 있다. 이들 수역의 제도적 취지가 해저자연의 탐사개발에 있는 만큼 그와 같은 시설을 가진 암석이 배타적 경제수역이나 대륙붕을 가져야 할 이유는 없기 때문이다. Steven Wei Su(2004), "The Tiaoyu Islands and

V. 한일 해양경계에 관한 논의

1. 한일 배타적 경제수역 경계 협상의 경과

독도를 둘러싼 한일 간 갈등이 접점을 찾지 못하고 있다. 과거 일본은 우리나라의 독도 관할권 행사에 이의를 제기하는 데 그쳤다. 그러나 최근 동해 해저지명 등록과 방사능 오염조사와 관련해서 공세의 수위를 높이고 있다.

2006년 4월 일본은 관보를 통해 4월 3일부터 6월 30일간 우리 배타적 경제수역을 포함한 동해상에서의 해저지형 탐사 계획을 통보했다. 일본의 이와 같은 탐사 계획은 대응 조치이며, 한국이 동년 6월 국제수로기구(IHO) 회의 시 동해상의 해저지형을 한국명으로 등록하려고 했기 때문이라고 주장하였다. 이에 우리 정부는 일본의 탐사 계획 철회를 요구하는 한편, 관계부처 대책회의를 갖는 등 대응책 마련에 나섰다. 이후 한일 양국은 배타적 경제수역 기점 문제와 동해 방사능 오염 조사 방식을 두고 갈등이 증폭되었다.

그동안 한일 간의 배타적 경제수역 경계 협상은 1996년부터 2000년까지 4차례 있었으나 별 성과가 없었다. 과거 우리 정부는 울릉도-오키 중간선을 제시하였으나 독도 기점 사용을 완전히 배제한 것은 아니었다. 협상 과정에서 일본에게 이러한 입장을 명백히 밝힌 바 있다. 그러나 2006년 4월 21일 동경에서 개시된 제5차 한일 배타적 경제수역 협상에서 우리는 기존의 울릉도 기점에서 독도 기점으로 변경하였다. 이때 우리측 배타적 경제수역 동쪽 경계

Their Possible Effect on the Maritime Boundary Delimitation between China and Japan," *Chinese Journal of International Law*, Vol. 3, pp. 400~401.

로 공식 제시한 것이 '독도-오키 중간선'이었다.[62] 2006년 6월 8일 일본 아소 외상은 1996년 한일정상회담 합의에 따라 "독도 영유권 문제를 배제하고 해양경계 획정을 추진하겠다"[63]는 입장을 밝혀 왔다. 이에 따라 한일 간의 긴장이 완화되는 듯했다. 그러나 이러한 상황은 오래가지 않았다. 2006년 7월 우리가 독도 인근 해역에서 해류조사를 하자 일본의 항의가 시작되었기 때문이다. 일본은 구상서(7. 5)를 통해 동해 방사능 조사를 강행하겠다는 입장을 밝혔다. 또한 일본 주재 외신기자단(FCCJ)의 독도 방문에 우리가 편의를 제공한 것도 일본은 문제시 삼았다.

동년 9월 4일 외교통상부 박희권 조약국장과 일본 외무성 고마츠 이치로 국제법 국장이 서울에서 제6차 한일 배타적 경제수역 협상을 가졌다. 우리 정부는 이때 다시 '독도-오키의 중간선'을 제의했으나, 일본은 기존의 '울릉도와 독도 사이의 중간선'을 양측의 배타적 경제수역의 경계로 할 것을 거듭 주장하였다. 만약 한국이 기점을 변경할 경우, 동중국해의 도리시마[鳥島]를 일본 측 기점으로 삼겠으며, 이를 통해 제주도 남해상 배타적 경제수역을 한국 측으로 확대하겠다는 것이다.

제7차 회담은 외교통상부 임한택 조약국장을 수석대표로 2007년 3월 5일 동경에서 개최되었다. 그러나 배타적 경제수역 경계 획정 문제는 우리의 독도-오키 섬 중간선 안과 일본의 울릉도-독도 중간선 안이 여전히 타협점을 찾지 못했다. 동해 방사능 조사 방식에서도 이견을 좁히지 못했다.

2007년 6월 18일 서울에서 개최된 제8차 회담에서도 큰 성과는 없었다. 지난 7차 때와 마찬가지로 일본은 동해 방사능 조사방식을 '사전통고제'로 할

62) 외교통상부 홈페이지 www.mofat.go.kr 참조.
63) 『요미우리 신문』(2006. 6. 8).

것을 제안하였지만 이는 받아들일 수 없었다. 우리는 예년과 마찬가지로 '공동조사제'안을 고수하였고, 한일 간 배타적 경제수역 경계 획정 문제 역시 입장의 차이만 확인하였다. 다만 제9차 회담을 가능한 한 조기에 일본에서 개최한다는 것만 합의하는 데 그쳤다.

결국 동해 방사능 조사는 2007년 9월 11일에서 18일까지 2006년과 같은 방식으로 진행하였다. 국립수산과학원 '탐구1호'와 일본 해상보안청 '카이오[海洋]호'가 작년에 이어 조사에 나섰다는 점도 같다. 달라진 점은 상대국 조사 인원이 작년과 달리 한 명씩 적은 2인이 승선하였다는 것이다. 이번 조사 결과는 10개월 후 서로 교환하기로 하였다.

제9차 회담은 지난 2008년 5월 2일 도쿄에서 개최되었고, 제10차 회담은 2009년 3월 9일 서울에서 개최되었으나 여전히 입장 차이를 좁히지 못하고 있다. 이에 대한 새로운 접근이 필요한 때이다.

2. 한일 배타적 경제수역 해양경계 획정에 관한 다양한 논의

한국과 일본은 각자 자국의 국내법에 의해 배타적 경제수역을 선포하였다. 1996년 한국의 '배타적 경제수역법'에서는 영해기선 외측으로부터 200해리의 배타적 경제수역을 선포하면서(제2조 1항), "대한민국과 인접하고 있는 국가(이하 '관계국') 간의 배타적 경제수역의 경계는 제1항의 규정에도 불구하고, 국제법을 기초로 관계국 간의 합의에 따라 설정하도록 규정한다"(제2조 2항)고 하였다. 일본의 1996년 '배타적 경제수역 및 대륙붕에 관한 협약' 제2조는 "기선으로부터 200해리 선이 마주보고 있는 국가와의 중간선을 초과하는 경우에는 중간선까지로 하고, 덧붙여 그 국가와의 사이에 중간선을 대체하는 합의선이 있을 때에는 그 합의선까지로" 하고 있다. 다시 말해, 한일 양국은 해양경계 획정을 위해 '합의'할 것을 서로 상정하고 있는 셈이다. 다만 한국의 '국제법을 기초로'할 것과 일본의 '중간선을 대체하는 합의선'이 어떤 접점을 만나 경계선을 도출해 낼지는 아직 미지수이다.

현재 한일 해양경계 획정 협상은 앞서 논의한 바 대로 교착상태에 빠졌다. 이와 관련해 논의되고 있는 협상안들은 크게 아래 세 가지 정도로 정리할 수 있을 것이다.

첫 번째 안으로는 독도 기점을 무시하고, 울릉도와 오키 중간선 안을 채택하는 방법이다. 두 번째 안은 독도, 울릉도, 오키 모두 무시하고 양국의 육지 본토 간의 중간선을 채택하는 방법이다. 세 번째 안은 일본이 독도를 한국령으로 인정하는 대신 독도에 12해리의 위요지(圍繞地, enclave)를 설정하고, 독도를 기점으로 사용하지 않는다는 것을 남북한 모두에게 인정받으며, 이 사안이 다른 해양 관련 권원 주장에 선례가 되지 않도록 하는 안이 있다.[64)]

그러나 이와 같은 논의들은 다음과 같은 비판이 가능하다. 우선, 첫 번째 안은 지난 제4차 회담때까지 우리가 제시한 방안이었다. 그러나 일본측이 독도 기점을 고집함으로써 채택되지 않았던 것으로 일본이 새삼 이를 받아들일지 의문이 든다. 두 번째 안은 일본으로서는 울릉도, 오키, 독도를 모두 무시

64) "Another possibility would be for Japan to magnanimously agree to Korean sovereignty over Dokdo *provided* that both Koreans agree not to use it as a base point in boundary negotiations, and provided that the settlement include a caveat that each boundary issue should be decided on its own merits and that this settlement does not establish a precedent regarding any other unresolved maritime claims of either party." Mark J. Valencia(2006), "Japan and Korea : Between A Legal Rock and a Hard Place," *Policy Forum Online 05-37A : May 11th*, p. 5 ; www.nautilus.org.

한 양국 해안으로부터의 중간선을 주장할 수 있으나 이러한 경우, 독도는 일본 측 수역에 들어갈 가능성이 크다. 우리 측이 이러한 주장을 받아들일 수 없는 것은, 한국이 울릉도-오키 중간선을 제안했을 때, 독도가 한국 측 수역에 있게 된다 하여 일본이 이를 받아들일 수 없었던 것과 같다.[65)] 세 번째 안은 마크 발렌시아(Mark J. Valencia)가 2006년 5월 14일 노틸러스 연구소에서 발표한 「한·일 : 도서를 둘러싼 법적 교착상태(Japan and Korea : Between A Legal Rock and a Hard Place)」[66)]라는 논문에서 주장한 안이다. 즉 '독도의 한국령 인정과 배

---

65) 이창위 교수는 이론적으로 독도의 지위를 섬으로 인정하여 완전한 기점효과(full effect)를 주거나 반분효과(half effect)로 하여 제한적으로 해양경계를 결정할 수도 있지만, 차라리 독도를 암석으로 간주하여 기점으로서의 지위를 인정하지 않거나 제한하는 방법도 있다고 한다. 이와 관련해 위요지(圍繞地), 반(半)위요지, 자연보호구 지정 등의 해결방안이 있다고 소개하고 있다. 이창위(2004), 「법 정책학(Policy Oriented Jurisprudence)의 관점에서 본 경계 획정과 독도」, 『국제해양법의 현안과 대응』, 2004년도 유엔해양법협약(1982) 발효 10주년기념 세계국제법협회(ILA) 한국본부 추계학술세미나 자료집, 12쪽.

66) 발렌시아는 지난 2006년 4월 해저지명의 국제수로기구(IHO)등록과 관련한 한일 간 분쟁은 일본의 도발이라는 점을 분석, 일본이 한국의 독도영유권을 인정하고 남북한 모두에게 이를 해양경계기점으로 삼지 않겠다는 인정을 받아야 한다는 자신의 해결안을 제시하였다. 이는 이 사안이 전례가 되어서는 안되며 중국과 일본 간의 센카쿠 열도와 오키노도리시마 등의 분쟁으로 비화되지 않아야 한다고 보았기 때문이다. 이는 또한 독도가 '독자적 경제활동'이 불가능한 암초이므로 유엔 해양법협약상 배타적 경제수역이나 대륙붕을 가질 수 없다는 것에도 부합한다는 것이었다. 이 글에서는 그밖에 독도와 관련해 일본과의 분쟁 시 북한이 남한을 돕겠다고 한 점을 소개했고 독도인근 수로조사에 나선 일본 해상보안청 선박을 나포했을 경우, 국가면제를 향유하는 군함의 지위에 준하는 정부선박 나포에 해당되고, 이는 곧 전쟁행위로 간주될 수 있다는 점을 지적하였다. 또한 일본의 수로조사행위는 '항해차트작성을 위한 정보획득'이므로 과학조사가 아니라는 미국과 영국의 입장도 소개하였으며, 유엔해양법 협약상 이러한 해양 분쟁은 '구속력 있는 결정을 수반하는 강제조치'가 발동될 수 있으나 한국이 이를 예방하기 위해 강제분쟁해결절차 배제에 관한 기탁서를 유엔(UN)에 접수한 사실을 밝히고 있다. 결론적으로 발렌시아는 독도의 배타적 경제수역 기점을 주장하지 않는 것이 유엔해양법에 법적으로 부합하고 한일관계 더 나아가 일본과 아시아

타적 경제수역 기점 사용 포기의 교환'하는 안이 일본이 선택할 수 있는 '중간선을 대체하는 합의선'이 될 수 있다는 것이다. 그러나 이 역시 독도 기점으로 우리 측이 향유할 수 있는 배타적 경제수역이나 대륙붕 포기를 전제로 했다는 점이 문제로 지적할 만하다.

지금 이 시점에서 한국과 일본 양국이 모두 독도 영유권을 주장함과 동시에 배타적 경제수역 기점을 주장함으로써, 적어도 한일 양국이 독도를 배타적 경제수역을 갖는 섬으로 인식하고 있다는 점은 매우 중요하다. 한편 한국이 유엔 해양법상 배타적 경제수역을 설정함에 있어 독도 기점 부여 입장을 취하게 되면, 이는 중국의 퉁타오[童島], 일본의 도리시마와 단조군도[男女群島]의 배타적 경제수역 기점 주장에 오히려 힘을 실어줄 수 있다는 지적도 간과해서는 안될 것이다.[67)]

결국 한일 해양경계는 새로운 획정 방법이 필요하다. 이는 한일 양국의 정부 대표가 앞으로 고안해 낼 '중간선을 대체하는 새로운 합의선'이 될 수 있을 것이다. 그것이 어떤 형태를 가질지는 아직 알 수 없다. 다만 '영-불 해협중재(English Channel Arbitration)' 사건[68)]에서 보았던 것처럼 울릉도-오키 중간선과 독

의 관계에 대해 새로운 지평을 열 수 있을 것으로 기대한다는 것을 밝혔다. Mark J. Valencia(2006).

67) 김찬규, 시론 "배타적 경제수역 독도기점으로 하려면", 『세계일보』(2006. 4. 29), 27면.

68) 이 사건은 문제가 된 3개의 영국 섬(Eddystone Rocks, Channel Islands, Scilly Isles)이 그 자체의 해양관할권을 갖는가가 주요 쟁점이었다. 이때 프랑스와의 해양경계 획정에서 중간선을 긋기 위해 영국은 실리 제도(Scilly Isles)를 기점으로 사용하겠다고 주장하였고, 프랑스는 실리 제도를 구성하는 모든 도서는 무시되어야 한다고 반박하였다. 결국 중재재판소의 판결은 양쪽 모두의 주장을 무시하고 이 섬에 대해 12해리의 대륙붕을 인정하는 것으로 결론지었다. 이때 주목할 만한 것은 사람이 거주하지 않는 암석(rocks)에 대해서 재판소가 해양관할권을 인정하지 않는다는 입장을 보였다는 점이다. 즉 채널 제도(Channel Islands)를 구성하고 있는 섬 중 저지(Jersey) 섬과

도-오키 중간선, 울릉도-독도의 중간선을 혼합한 새로운 중간선을 획정하는 안도 생각해 볼 수 있을 것이다.

VI. 맺음말

영유권 문제나 해양경계 획정 문제를 국제재판과 같이 승패가 분명해 당사국들에게 분쟁의 앙금을 남기는 해결 방식에는 문제가 있다. 오히려 두 나라의 외교 실무진과 전문가들로 구성된 위원회와 같은 조직을 통해 화해와 협력의 정신으로 타협점을 찾아가는 방식이 훨씬 실효성이 있을 수 있다. 싱가포르와 말레이시아는 국제재판을 통해 양국 간 우호관계의 걸림돌이었던 페드라 브랑카의 영유권 문제를 해결했다. 그러나 두 나라 간에 산적했던 해양 관련 현안들은 여전히 그대로 남았다. 국가 간 모든 문제를 국제재판으로 해결할 수는 없기 때문이다.

과거 일본은 남방 참다랑어 사건(Southern Blufin Tuna Case)[69]으로 호주와 뉴질

베일리윅(Bailiwick) 섬 두 섬은 사람이 거주하고 있으므로 '특별한 사정'을 구성하며 따라서 12해리의 대륙붕을 가지나, 나머지 무인도는 대륙붕은 고사하고 해양경계 획정시 완전히 무시된다고 판시하였던 것이다. 이와 함께 실리 제도가 중간선의 기점으로 사용될 수 있는가의 여부에 대해서도 절충안을 택해, 일단 이 섬을 기점으로 한 중간선을 긋고, 그 다음 이 섬을 완전히 무시한 중간선을 그은 다음, 이런 방법으로 만들어진 삼각형의 가상선을 반분하여 경계선을 획정하는 방식을 채택하였다. 그밖에 국제사법재판소는 Tunisia / Libya Continental Shelf 사건(1982)에서 'The Kerkannah Islands'과 1984년 메인만 사건에서는 'Seal Island'가 특별한 사정에 해당한다'고 보았다. Hiran W. Jayewardene(1990), *The Regime of Islands in International Law*, The Netherlands : Martinus Nijhoff Publishers, p. 507 fn 442.

69) *Southern Bluefin Tuna cases(New Zealand v. Japan ; Australia v. Japan)(Provisional Measures), Order of 27 August 1999, 38 ILM 1624.*

랜드에게 제소당한 바 있다. 이 사건은 일본의 항변에 의해 중재재판소의 관할권이 부인됨으로써 결국 일본의 승리로 평가되는 사건이었다. 그러나 이후 호주와 뉴질랜드가 다른 어업국들과 협의하여 다자 조약을 체결하고 이에 따라 참치 어획량을 더욱 엄격히 제한하여 결과적으로 일본의 참치 조업은 애초에 호주측이 재판에서 요구했던 보존 조치보다 더 큰 타격을 입고 말았다. 이 같은 방식보다 어획량을 삭감하는 3국 위원회의 결정에 따르면서 공동으로 과학 조사를 진행하는 방법을 취하는 것이 더 큰 실익을 얻었을 것이라는 평가가 지배적이다. 이와 같은 사례에서 볼 수 있듯이, 도서 영유권 분쟁은 특히 당사국 간 연안의 거리가 그리 멀지 않은 이웃국가 간 분쟁일 경우 영토의 귀속 문제만 해결되면 끝나는 단순한 사안이 아니다. 오히려 해양경계 획정, 과학 조사, 어획량 규제, 사고 선박의 처리, 환경 보호 등 여러 가지 국제적 협력이 필요한 복잡한 사안인 것이다. 끝으로 승패가 분명하고 패소할 경우 책임 공방이 뒤따르는 국제재판보다는 당사국 간 협상과 타협을 통해 실익을 추구하는 편이 훨씬 나은 경우가 있다는 점을 강조하고 싶다.

• 참고문헌

김대순(2009), 『국제법론』 제14판, 삼영사.

김영구(1998), 「한일대륙붕경계 획정에 관한 법적고찰」, 『양국학자 공동연구-한일관계 국제법문제』, 韓國文園.

吉井淳(1998), 「일본의 영해와 국제해협」, 『양국학자 공동연구-한일관계 국제법문제』, 韓國文園.

안상준(2000), 「한중일의 배타적 경제수역 경계 획정에 관한 연구」, 경기대학교 통일안보복지전문대학원 석사학위논문.

이용일(2003), 「한중일 3국 사이의 양자어업협정과 동중국해 어업질서」, 『국제법 동향과 실무』, 외교통상부 조약국, 통권 제5호, Vol. 2, No. 3.

이창위(2004), 「법 정책학(Policy Oriented Jurisprudence)의 관점에서 본 경계 획정과 독도」, 『국제해양법의 현안과 대응』, 2004년도 유엔해양법협약 발효 10주년 기념 세계국제법협회(ILA) 한국본부 추계학술세미나 자료집.

해양수산부(2006), 『국제해양분쟁사례연구 IV(양자협정사례)』, 해양수산부.

Brown, E. D.(1994), *The International Law of the Sea*, Vol. I, UK : Dartmouth Publishing Co.

Gjetnes, M.(2001), "The Spratlys : Are They Rocks or Islands?," *Ocean Development and International Law*, Vol. 32.

Jayewardene, Hiran W.(1990), *The Regime of Islands in International Law*, The Netherlands : Martinus Nijhoff Publishers.

Nandan, S. N. & Rosenne S.(1995), *United Nations Convention on the Law of the Sea 1982 : A Commentary*, The Hague : Martinus Nijhoff.

Symmons, C. R.(1979), *The Maritime Zones of Islands in International Law*, The Hague : Maritnus Nijohoff Publishers.

국립해양조사원 홈페이지 http : //eastsea.nori.go.kr/east_info.asp.

근대 한국법체계에서의 영토

동북아역사재단 **유하영**

근대 한국법체계에서의 영토

동북아역사재단 **유하영**

I. 머리말

1876년 '조일수호통상조규'를 출발점으로 일본은 일련의 불평등조약 등 국제법을 악용하여 조선과 대한제국을 침탈했다. 1910년 8월 29일의 이른바 '한일합병 조약'을 통해 한국의 주권과 영토를 빼앗고 선례없는 혹독한 식민통치를 자행했다. 비록 1945년 제2차 세계대전의 종료로 한국은 자유·독립하였으나, 남북한의 분단과 연합군 점령, 불합리한 전후처리로 말미암아 한국은 분단된 상태로 오늘에 이르게 된 것이다.

현존 국제법상 '국가승계법(The Law of State Succession)'의 측면에서 한국은 제2차 세계대전의 종료로 식민통치 이전의 국가로 부활되지도 않았고, 새로운 국가가 수립되지도 않았다. 한 측면으로 보면 한국의 '일본으로부터의 분리'는 1910년 합병조약의 파기 등을 통해 성취된 것이 아니다. 그러나 이는 모두 한국에 대한 일본의 식민지배를 불법·무효 또는 합법·유효한 것으로 전제하고 이해할 때 논의될 수 있는 것이다.

국제관계란 국제법의 견지에서 국가 간의 법적 권리·의무의 관계를 의미한다. 즉 오늘의 남북한은 각각 또는 어느 일방이 구 한국의 법적 정통성을 가지고 일본의 식민지배에 대한 법적 권리·의무를 행사한다. 따라서 현재의 한일관계는 남북한과 일본 간의 국제법상의 특수한 권리·의무의 관계이며, 조약과 관습 등 국제법에 근거한 국제관계이다.

21세기에도 분단국의 전형으로서 남북한과 일본 간의 관계를 이해하고 연구하기 위해서는 일본에 의한 불법 식민지배와 현재의 대한민국 정부 수립의 전 과정 그리고 현 남북한의 법적 지위를 고찰해야 한다. 특히 제2차 세계대전 시 일본의 무조건 항복 직후부터 대한민국 정부 수립까지의 총독부와 미군정청과의 관계 및 법령체계를 필수적으로 검토해야 현재의 한일간 관계 즉 법적 권리·의무 관계를 이해할 수 있다.

이에 이 글에서는 우선적으로 1876년 강화도조약 이후 구한말의 법령체계와 통감부 및 총독부의 법령체계를 검토하고, 한국과 일본 간의 법체계 및 적용에서의 문제점 고찰, 제2차 세계대전의 종료로 이루어진 전후 연합국에 의한 영토 처리의 불합리성을 지적, 검토하고 결론에 이르기로 한다.

II. 근대 한국의 법체계

1. 조선과 대한제국기 법체계

조선시대에는 『경국대전』을 비롯하여 수 많은 법전이 있어 조선시대를 통일법전시대라 부른다.[1] 당시 법령에는 국왕의 명령을 기초로 하는데 이를 '교

(教)'라고 하며 교가 형식화된 것을 '왕지(王旨)', '교지(敎旨)'라 하고 각 관청에서 내려진 교지를 '수교(受敎)'라 한다. 교지나 수교 가운데 영구히 시행할 '전(典)'과 그렇지 않은 '녹(錄)'의 구별이 생겨났으며 이는 전 시대를 지배하는 법원칙으로 성립되었다.

1884년 7월 27일 '군국기무처'는 당시의 개혁적 입법기관에 해당한다. 군국기무처의 의안(議案)과 왕이 내리는 조칙(詔勅)의 형태로 개혁입법을 추진했다. 1894년 1월 4일 '홍범14조'는 오늘날 헌법에 해당하는 것이며, 1899년 '대한국국제'는 자주적 입법의 대표적 사례이다.[2)]

근대적 의미의 법체계는 1894년(고종 31년) 9월 12일 '의안(議案)'으로 반포한 '명령반포식(命令頒布式, 별칭, 公文頒布規例)'이다. 명령반포식의 내용은 법률, 칙령·명령의 제정방식과 이들의 공포 방법을 정하고 있고(제1조~제7조),[3)] 제8조는 외교문서의 작성 방법, 제9조는 관리의 임명장에 관한 규정이다. 동년 11월 21일에는 이 명령반포식을 대신하여 칙령 제1호 '공문식'이 제정 반포되었다. 이 공문식은 전 3개 장으로 제1 공문식, 제2 포고(布告), 제3 인새(印璽)의 총 19개조 순한문으로 되어 있다. 이 공문식 제4조~제12조에는 각령(閣令), 부령(部令) 등을 규정하고 있다.

공문식은 법령의 상하단계를 규정하고 그 제정 절차와 형식 등을 정하여 법령의 이론적 체계를 세운다. 다만 당시에는 근대적 성문헌법이 제정되지

---

1) 박병호(1986), 『한국법제사』, 한국방송통신대출판부, 13쪽.

2) 정긍식(1991), 「한말법령체계분석」, 『한국법제사연구(I)』, 한국법제연구원, 연구보고 91-14, 23쪽.

3) 제2조 국내외 법률·칙령은 모두 上諭로 반포한다. 제3조 법률·칙령은 총리대신이 기초하거나 각아문대신이 안을 갖추어 의정부에 제출하면 총리대신이 上裁를 奏請한다. …… 제6조 법률·명령은 관보로서 반포하며 각 주현은 법령이 도착한지 7일 후에 시행한다.

도 않고, 국회 등 입법기관이 없는 상황으로 법률과 칙령의 구별은 무의미하며 실제 내용상의 차이도 거의 없었다. 또한 법 집행자가 법령을 남발하는 것을 막기 위해 자문기관으로 '중추원(中樞院)'을 두었으나 제 기능을 하지 못하였다.[4)]

이후 공문식은 1895년(개국 504년) 3월 29일 칙령 제63호로 제3조를 개정하였다. 동일 칙령 제64호는 '각령(閣令)·부령(部令)·훈령(訓令)·고시(告示)와 지령(指令)의 구분규정(區分規程)'을 반포하였다. 여기서 각령·부령은 공문식 제4조에 의하는 명령이고, 훈령은 법률 명령의 범위 내에서 장관이 그 소속관리와 그 감독에 속하는 훈시 또는 명령이며, 고시는 관청이 일정한 사항을 고시하는 것이며 지령은 하관의 질품(質稟)에 대한 상관의 지시이다. 또한 동년 동일 '주본(奏本)'으로 '부령·훈령·청령(廳令)을 발하는 절차에 관한 건'이 제정되었다. 위 1895년 칙령 제63호 공문식은 다시 동년 5월 8일에는 칙령 제81호로 전면 개정하였다. 이로써 한말 입법의 형식적 체계는 갖추어져 이후 입법체계의 근거가 된 점에 의의가 있으며 이는 이후 입법의 지침으로 활용되었다.[5)]

2. 통감부기 법체계

통감부기 법제의 특징은 입법 주체의 이원성이다. 통신사무, 재판권 등 일본이 합병 전에 장악한 분야에서는 통감부가 입법권을 가지고 일본 칙령 또는 그 위임에 의해 통감부령으로 제정되고 한국내각이 이를 고시하여 시행했다.[6)] 그 외에는 한국정부에 입법권이 있었지만 실제로는 일본인 고문이 입법

4) 李熙鳳(1980), 「韓末法令小考」, 『학술원논문집』 19, 대한민국학술원, 162~163쪽.
5) 정긍식(1991), 앞의 글, 41쪽.

을 기초했다.

일본은 통감부가 설치되기 전에 이미 일본군을 한국에 주둔시키고 군정(軍政)을 실시하였다. 1904년 8월 이른바 '제1차 한일협약'을 체결하여 한국에서의 '고문정치'의 기틀을 마련해 두었다. 1905년 이른바 '제2차 한일협약(을사보호조약)'으로 1906년 통감부를 설치하고, 1907년 이른바 '제3차 한일협약' 제2조 '한국정부의 법령 제정은 미리 통감의 승인을 거칠 것'에 의거하여 통감부가 입법을 사실상 장악했다.

이러한 법령은 한국인을 위한 것이 아니라 일본이 한국을 식민지화하기 화하기 위한 법적 기반을 마련한 것이다. 그 결과 한국인의 정치적 결사와 독립운동을 탄압하기 위한 형사법 분야와 일본의 경제적 침략의 법적 기초를 마련하기 위한 토지 관계 입법이 급증했다.[7] 이러한 사실은 대한자강회의 건의에 따라 외국인의 토지 소유를 금하는 1906년 10월 16일 법률 제6호 '토지가옥의 매매·교환·양여·전당에 관한 건'을 시행하지 않고 일본인 법무고문 우메켄지로[梅謙次郎]가 기초하여 10일 후에 공포한 칙령 제65호 '토지가옥증명규칙'이 외국인의 토지 소유를 허용한 것에서 잘 드러난다.

일본법상 통감의 지위에 대해서는 논란이 있었지만 일본천황에 직접 예속한다.[8] 외교에 관해서는 외무대신과 내각총리대신을, 나머지는 내각총리대신을 경유하여 천황에게 상주(上奏)하여 제가(制可)를 받는다. 1906년 이후 한국을 사실상 통치하게 된 통감의 권한과 지위는 다음과 같다.

---

6) 정긍식(1991), 앞의 글, 31쪽.

7) 李熙鳳(1980), 앞의 글, 164쪽.

8) 김창록(2002), 「제령에 관한 연구」, 『법사학연구』 제26호, 118~128쪽 ; 정긍식(1995), 『통감부법령 체계분석』, 한국법제연구원, 70쪽 참조.

① 한국에서 일본제국을 대표하고 외국과의 교섭을 전담한다.
② 일본관헌과 公署가 시행할 정무를 감독한다.
③ 필요에 따라서 정무를 한국 정부에 이양하고 그 집행을 구한다. 긴급한 경우에는 직접 지방관청에 이전하고 후에 통고한다.
④ 일본관리 및 한국에 傭聘된 자를 관리한다.
⑤ 한국의 안녕질서를 유지할 필요가 있을 경우에는 한국수비군사령관에게 병력의 사용을 명할 수 있다.[9)]
⑥ 통감부령을 발하여 금고 1년 이하 또는 벌금 200월 이내의 벌칙을 부과할 수 있다.
⑦ 관할관청의 명령처분이 위임할 경우에는 그것을 정지·취소할 수 있다.
⑧ 관리의 감독권
⑨ 한국에 관한 사항으로 조약 등으로 통감에게 양도된 사항을 집행할 수 있다.[10)]

이와 같이 통감은 입법·사법·행정 등 한국 시정 전반을 감독하였다. 또 통감부가 설치되기 전인 '러일전쟁' 당시 한국에 계엄을 선포하였고, 1905년(광무 9년) 10월 19일에는 일본의 군정시행을 방해하는 경성군수(鏡成郡守) 심헌택(沈憲澤)을 감금하고 한국 외부에 통고하였다.

1905년 11월 17일 '을사보호조약'이 체결됨에 따라 1905년 11월 22일 일본은 칙령으로 서울에 통감부를, 서울, 인천, 부산, 원산, 진남포, 목포, 마산, 기타 요충지에 이사청(理事廳)을 설치하기로 하였다.[11)] 통감의 일차적인 권한은 한국의 외교권을 위임받아 대리 행사하는 것이었으므로 일본은 1905년 12

9) 이에 근거하여 韓國駐箚司令部條例 1906년 7월 31일(명치 39년) 칙령 제205호가 제정되었다.
10) 정긍식(1991), 앞의 글, 32쪽.
11) 칙령 제240호 '통감부 및 이사청을 설치하는 건'. 송병기 편(1972), 『통감부법령자료집』 상, 국회도서관, 1쪽.

월 15일 한국의 재외공관을 폐쇄시켰다. 한국 외부(外部)는 1906년 1월 17일에 의정부 외사국으로 격하되었다.[12] 또 일본은 주한공사관의 폐쇄를 요구하여 1905년 11월에서 1906년 3월 사이에 청국과 미국을 필두로 영국, 독일, 이탈리아 등 각국은 주한공사관을 폐쇄하고 자국민의 이권을 보호하는 영사관 또는 총영사를 파견했다.[13]

통감부와 이사청은 일본 관청으로서의 권한과 '을사보호조약'에 근거한 조약상의 권한으로 나누어 볼 수 있다.[14] 먼저, 일본 관청으로서의 권한을 보면 다음과 같다. 통감의 일본 헌법상의 지위는 특수하다. 우선 통감부는 천황에 대해서만 책임을 지는 독립기관이었다. 통감은 천황이 직접 임명하였고, 천황에 예속하여 외교에 관해서는 외무대신을 거치고 다시 내각총리대신을 경유하며, 기타 사무는 내각총리대신을 거쳐 상주하여 재가를 받을 수 있다. 1905년 12월 20일 일본칙령 제267호 '통감부 및 이사청 관제' 제2조에는 외무대신과 내각총리대신을 경유하게 되어 있으나 이는 감독과 종속의 관계는 아니었다.[15] 이러한 통감의 지위는 한국병합 후 조선총독의 지위에도 그대로 유지되었다.[16]

당시의 타이완과 비교해 볼 때,[17] 1898년 7월 22일 일본 칙령 제259호 '내

---

12) 정긍식(1995), 앞의 글, 53쪽.

13) 그러나 프랑스는 외교관계 수립에 가장 큰 희생을 치렀고 또 이익을 얻은 바가 없기 때문에 가장 소극적이었다.

14) 정긍식(1995), 앞의 글, 57쪽

15) 정종섭 · 김창록(1995), 「일본제국주의의 식민지 지배구조의 성격」, 『광복50주년기념논문집1 : 과거청산』, 한국학술진흥재단, 23쪽.

16) 정긍식(1995), 앞의 글, 57～58쪽.

17) 일본은 타이완을 효과적으로 지배하기 위해 타이완총독에게 입법권을 위임하였다. 이의 근거는 1896년 법률 제63호 '타이완에 시행하여야 할 법령에 관한 법률'이다. 이 법률의 주된 내용은 타이완총독은 법률을 요하는 사항을 명령으로 규정할 수 있게 한

무성관제'에서 타이완에 대한 사무는 내무성의 일반사무로 규정하여 타이완 총독은 내무성의 감독을 받았다. 위 관제는 1907년 4월 30일 칙령 제166호로 개정되었지만 조선 통감에 대해서는 아무런 언급이 없다. 따라서 조선 통감은 일본 내무성의 감독을 받지 않았고 다만 천황에 대해서만 책임질 뿐이었다.[18)]

일본은 1907년 7월 이른바 '한일신협약'을 체결하여 종래의 간접지도방침에서 통감이 직접 '시정개선(施政改善)'을 지휘하는 방침으로 바꾸어서 일본인을 '고문'으로 임명하여 한국시정을 감독하는 '고문정치'를 폐지하고 일본인을 한국 관리로 직접 임용하는 '차관정치'를 실시하기로 했고 통감부 및 이사청 관제를 개정하였다.[19)] 이처럼 통감은 한국에서 외교권만을 대행하는 것이 아니라 행정권을 장악하였고, 통감부령을 제정하여 형벌을 부과할 수 있으며,[20)] 이사청을 감독하므로 간접적으로 사법권을 감독하는 등 입법·사법·행정의 전권을 행사하였다. 특히 통감은 일반 행정권뿐만 아니라 '군사권'까지 장악했다.[21)] 이러한 통감의 '군령권'은 러일전쟁 개시 때부터 한국에 '군정'을 실시하는 등 '무력점령'[22)]을 계속한 것으로 한국을 무력으로 지배할 수 있는 실질적인 근거가 되었다.

것이다[정긍식(1996), 「조선총독부 법령사료」, 한국법제연구원, 20쪽].

18) 정종섭·김창록(1995), 앞의 글, 23쪽.

19) 정종섭·김창록(1995), 앞의 글, 26쪽.

20) 통감부 및 이사청관제 제7조.

21) 1906. 7. 3. 칙령 제205호 한국주차군사령부조례 제3조는 "군사령관은 한국의 안녕질서를 유지하기 위하여 통감의 명령이 있으면 병력을 사용할 수 있다. 단 사태가 긴급한 경우에는 재량으로 행사하고 후에 통감에게 보고한다"라고 규정한다.

22) 군사점령은 "적대적 군대의 권위하에 실질적으로 위치할 때 영토는 점령되었다고 간주된다"[Eyal Benvenisti(1993), *The International Law*, New Jersey : Princeton University Press, p. 4]. 국제법상 점령은 점유의 가정 또는 보유를 의미한다[Rudolf Bernhardt(1981), *Encyclopidia of Public International Law*, Amsterdam : Nortth-Holland Publishing co., p. 64].

일본에서는 법률의 규정에 의해 각 성(省) 대신이 관장하는 것을 한국에서는 칙령으로 통감의 직권에 속하게 하여 처리하게 하였다.[23] 이러한 사항에 대한 준거법으로, 일본 법령이 그대로 한국에 거주하는 일본인에게 적용되었다. 이는 통감이 각 성 대신과 동격으로 독립적으로 한국에서 권한을 행사하는 지위의 특수성을 반영한 것이다. 이는 식민지에서의 법 적용의 원형이 되었다. 결론적으로 통감은 한국에 거주하는 일본인에 대한 전권을 행사하였고, 조약에 근거하여 한국의 내정을 마음대로 조정할 수 있는 사실상 최고 통치자의 지위에 있었다.[24]

이사청 이사관은 통감의 지휘 감독을 받아 과거 영사관에 속한 업무와 조약과 법령에 근거하여 업무를 관장한다.[25] 과거 영사의 업무는 한국에서의 영사재판과 거류지 및 거류민에 대한 행정이다. 이사관은 조약의 범위 내에서 재한 거류민에 대한 행정 및 사법기관이면서 한국에 대한 보호조약의 실시를 감시하고 한국의 외교사무를 감리하는 지방기관이다.[26] 이사관의 권한은 다음과 같다.

① 안녕질서를 유지할 긴급한 필요가 있으면 통감의 명령 없이도 지방 주재 제국군대사령관에게 출병을 청구할 수 있다.
② 한국의 시정사무에 대해 한국정부가 조약상의 의무를 이행하는 지를 감시하며, 긴급한 경우에 통감의 명령 없이도 한국지방관에게 이첩할 수 있고, 사후에 통감에게 통지할 수 있다.

23) 1906. 6. 27. 법률 제57호 '내국관헌의 관장에 속하는 사항에 대한 통감의 직권에 관한 건'. 송병기 편(1972), 앞의 책, 103쪽.
24) 정긍식(1996), 앞의 글, 59~60쪽.
25) 통감부 및 이사청 관제 제24조.
26) 정긍식(1996), 앞의 글, 60쪽.

③ 이사청령을 발할 수 있으며, 10월 이내의 벌금과 구류·과료를 부과할 수 있다.[27)]

기존에 일본은 한국에서의 '영사재판권(領事裁判權)'이 인정되었기 때문에, 일본인은 일본영사관에서 재판을 받았다. 을사보호조약의 체결로 영사관이 폐지됨에 따라 재판 업무는 이사청으로 이관되었다. 이사관은 종래 관할구역 내에서 소송사건의 시심(始審), 비송사무(非訟事務), 검찰사무(檢察事務)를 수행하였고 이사관 또는 부이사관이 단독으로 재판하였다. 과거 영사재판의 항소심은 나가사키항소원[長崎抗訴院], 상고심은 대심원이었지만, 이사청 설치 후에는 통감부법무원(統監府法務院)을 두어 이사청의 재판에 대한 상소를 담당하였다.[28)]

통감은 한국에서 일본의 대표자로서의 권한을 가지고 한국과 일본 간의 조약상에 근거한 권한을 행사하였다. 대표적인 권한이 '시정개선권(施政改善權)'이다.[29)] 특히 조약에 따라 일본에 권한을 위임한 부분에 대해서는 일본이 그 권한, 즉 입법권 및 행정권을 가지고 있으므로 이에 대해서는 일본의 대표자인 통감이 행사하였다. 구체적으로 1904년 4월의 통신관계,[30)] 1909년 7월 사법·감옥 사무와 1910년 6월 경찰 사무를 위탁한 것을 들 수 있다.[31)] 이상에서와 같이 통감은 1910년 '식민지배'를 하기 이전에서부터 한국에 대한 입법·사법·행정의 전 영역을 장악한 것이다.

---

27) 통감부 및 이사청 관제 제25~27조.

28) 1906. 6. 25. 법률 제56호 '한국에서의 재판사무에 관한 건'. 동일 칙령 제160호 '한국에서의 재판사무에 관한 건 시행기일의 건'. 송병기 편(1972), 앞의 책, 94~95쪽.

29) 1904년 2월 23일 강제 체결된 제2차 한일협약(한일의정서) 제1조는 "한일 양제국간에 항구불역의 친교를 유지하고 동양의 평화를 확립하기 위해 대한제국정부는 대일본제국정부를 확신하며, 시정의 개선에 관한 충고를 받아들일 것"이라고 규정한다.

30) 1905. 4. 1. 조인 '한국통신기관위탁에 관한 取極書' 참조.

31) 정종섭·김창록(1995), 앞의 글, 25~28쪽 ; 정긍식(1996), 앞의 글, 63쪽 재인용.

통감부와 이사청은 법령을 제정할 수 있었으며,[32] 1910년 6월 경찰권을 위탁한 후에는 경무총감부도 법령을 제정할 수 있었다. 먼저, 통감부 법령에는 '통감부령'과 '통감부훈령', '통감부고시'가 있다. 이들 상호간 효력에 대해서는 특별한 언급이 없다. '통감부령'은 행정명령이지만, 한국에서는 법률에 준하는 것이었다. '통감부훈령'은 통감의 '규칙'에 해당하였고, '고시'는 일반적인 사항이나 한국 법률을 적용할 때 활용되었다. 이사청의 법령에는 '이사청령', '고시', '포달(布達)' 등이 있다.[33]

통감부 법령은 기본적으로 일본의 국내 법령이다. 즉 한국에 거주하는 일본인 거류민과 일본 통감부 및 이사청 관리를 대상으로 하고 있다. 그러나 통감부 설치 이전에는 통신, 설치 이후에는 외교, 사법, 경찰 분야에 대해 조약 등으로 통감부가 법령 제정권을 가지고 있어 통감부 법령이 한국인에 대해서도 효력을 가졌다. 한편 일본인이 한국에서 생활하기 때문에 법의 속지주의(屬地主義) 원칙상 한국 법령이 일본인에게 효력을 미치는 경우도 있다. 반대로 한국인에게만 효력이 미치는 법령과 일본인에게도 효력이 미치는 한국 법령도 있다.

일반적 예에 따르면 사법 재판의 준거법이 일본법이 되어야 하지만, 특례를 인정하여 민사사건에서는 원·피고 모두 한국인인 경우에만 한국 법규를 적용하였다. 일방이 한국인이 아니면, 일본 법규를 적용하지만, 집행은 한국 법규에 따랐다. 형사사건에서도 한국인 검사는 피고인이 한국인인 경우에만 직무를 수행하였다.[34]

일본 법령은 헌법, 법률 및 법률과 동격인 칙령, 행정명령에 해당하는 칙

32) 통감부공문식, 이사청공문식 참조.
33) 정긍식(1996), 앞의 글, 64쪽.
34) 정긍식(1996), 앞의 글, 67쪽.

령, 각령 · 성령의 형식으로 구성되어 있다. 한편 대한제국 법령의 성문헌법은 없으나, 법률, 칙령, 부령, 부훈령, 고시 등이 있으며, 일본 법령의 형식과 효력 단계는 대한제국의 법령에도 그대로 적용된다.[35)]

한국법과 일본 법령과의 관계에서 가장 큰 쟁점은 한국에서 1889년 일본제국헌법(명치헌법)의 적용 여부이다. 이는 단지 통감부만이 관련되는 것이 아니라 '식민지법제' 전체와 관련되는 문제이다. 일본의 특별통치지역인 '외지' 및 '관동주' 등과 같이 일본의 영토는 아니나, 조약에 의해 영토와 같이 일본이 통치권을 행사하는 '영외외지'에 대해 일본 헌법이 적용되는지는 논란이 있었다.[36)] 한국은 일본제국헌법이 적용되지 않았고, 일본법의 시행 방식은 보호국에서의 법령 시행과 같다.[37)] 즉 당시는 일본 헌법 원칙을 배제하고 법률사항을 통감의 행정명령으로 규정하는 것으로 나타났으며, 일본 법령을 적용하면서도 특례를 두는 것으로 나타났다.[38)]

한국 법령과 통감부 법령과의 관계는 두 측면에서 고찰하여야 한다. 통감부 법령의 적용을 받는 일본인이 한국에서 생활하기 때문에 사법관계에서의 실체법은 한국법과 분리될 수 없다는 점과, 반대로 일본이 한국의 내정을 장악함에 따라 통감부 법령이 한국인에게 적용되는 영역이 점차 확대되었다는 점이다. 통감부 법령이 한국인에게 적용되는 과정은 한국 정부에서 내각 또는

---

35) 정긍식(1996), 앞의 글, 69쪽.

36) 1889년 제국헌법 제5조 "천황은 제국의회의 협찬을 얻어 입법권을 행사한다"는 규정과 1896년 법률 제63호 '타이완에 시행할 법령에 관한 법률'에서의 그 관할영역 내에서 법률의 효력을 가지는 명령을 발할 수 있는 권한 즉 타이완총독의 '율령제정권'(입법권)과 관련 상호 모순된다는 소위 '63문제'가 있었다.

37) 김창록(1995), 「일본제국주의의 식민지지배구조의 성격」, 『법사학연구』 제16호 ①, 4쪽 참고.

38) 정긍식(1996), 앞의 글, 70쪽.

농상공부 '고시'의 형식으로 통감부 법령의 적용을 선언하는 형식을 취하였다. 통감부 설치 이후 1910년 합방까지 총 315건의 통감부 법령이 한국인에게 적용되었다.[39]

3. 총독부기 법체계

식민지배 기간 동안 일본 제국헌법의 한국 내 적용을 제외하고, 한국에서의 입법과 일본에서의 입법 간의 법률적 적용 문제가 있다.[40] 특히 입법사항을 조선총독의 명령으로 규정한 제령(制令)은 타이완 '율령'의 위헌 논란과 같은 문제를 가지고 있었다. 기타 식민지 조선에 적용되는 법령으로는 '조선총독부령(朝鮮總督府令)', '경무총감부령(警務總監部令)', '도령(道令)', '도경무부령(道警務部令)', '도령(島令)'이 있다. 제령 이외는 행정명령으로 벌칙이 가능하며, 그 외 실제 법생활에 직접적인 영향을 주는 조선총독부, 경무부, 도 등의 각종 고시가 있다.

제2차 세계대전 후 연합국군의 점령하에 있던 일본에서는 연합국 최고사령관의 명령에 따라 필요한 경우에, 의회가 관여해야 하는 법률사항이라 해도 의회를 거치지 않고 정부가 명령으로 이를 정할 수 있었다. 연합국군에 의한 일본 점령은 간접통치 방식을 취하였지만 연합국 최고사령관의 명령 및 요구사항은 지령·각서의 형태로 일본 정부에 전해졌다. 일본 정부는 명령의[41] 형태로 이를 국민과 정부기관에 전달하였다.

39) 정긍식(1996), 앞의 글, 70~71쪽.
40) 김창록(2002), 앞의 글, 111쪽 이하 참조.
41) 명령은 의회가 제정한 법률의 범위 내에서 행정기관이 제정하는 성문법을 총칭한다.

일본의 법령에는 일본 국회를 통해 제정하는 헌법, 조약, 법률 외에 다수의 법규가 존재한다. 여기에는 정령, 명령, 최고재판소 규칙, 의원 규칙(중의원 규칙, 참의원 규칙) 및 조례, 각 지방공공단체의 장이나 행정위원회가 정하는 규칙이 있다. 명령에는 다시 '정령(cabinet order)',[42] '부령(cabinet office ordinance)',[43] '성령(ordinance of the ministry)',[44] 각 성청 등이 정하는 규칙(rule),[45] '청령'[46]의 5종류가 있다.

의원 규칙과 최고재판소 규칙은 일본 국회 및 최고재판소가 각각 제정하는 법규이다. 조례는 지방공공단체가 제정하는 자치법규를 말한다.

---

42) 정령은 내각이 제정하는 성문법규이다. 법률의 실시에 필요한 규칙이나 법률이 위임하는 사항을 정한다. 1946년 일본 헌법 제73조 제6호에 기한다. 각의에 의하여 결정되고, 주임 국무대신이 서명하고 내각총리대신이 연서하여 천황이 공포한다. 법률의 위임이 있는 경우를 제외하고, 벌칙이나 의무를 설치할 수 없다(내각법 제11조). 통상 施行令이라고 부른다.

43) 내각총리대신이 발하는 명령이다. 현재는 내각부령이 있다. 내각부에 관계되는 주임 행정사무에 대하여 법률 혹은 정령을 시행하기 위하거나 또는 법률이나 정령의 특별한 위임에 기하여 내각부의 명령으로 내각총리대신이 발한다. 내각부설치법에 의하여 내각부령에는 법률의 위임이 없으면 벌칙을 설치 또는 의무를 부과하거나 국민의 권리를 제한하는 규정을 설치할 수 없다(내각부설치법 제7조 제4항).

44) 각 성대신이 발하는 명령. 각 성대신이 주임 행정사무에 대하여 법률 또는 정령을 시행하기 위하거나 또는 법률이나 정령의 특별한 위임에 기하여 각각 그 기관의 명령으로서 발한다. 국가행정조직법에 의하여 성령에는 법률의 위임이 없다면 벌칙을 설치하거나 의무를 부과 또는 국민의 권리를 제한하는 규정을 설치할 수 없다(국가행정조직법 제12조 제3항). 통상 施行規則이라고 부른다.

45) 부성의 外局인 청의 장, 동일하게 부성의 외국인 행정위원회, 인사원, 회계검사원이 정하는 명령이다. 그 소관 사무에 대하여 법률이나 정령을 실시하기 위하여 또는 법률이나 정령의 특별한 위임에 기하여 제정한다.

46) 성의 外局인 청의 장이 발하는 명령이다. 현재는 해상보안청령만이 있다. 해상보안청령은 해상보안청법에 기하여 해상보안청장관이 발하는 명령이다. 이전의 총리청이 설치되어 있었던 때에는 법무청령 등이 있었다. 부성에는 다른 다수의 청이 있으나 부령이라는 형식의 명령발출이 인정되고 있는 것은 현재 해상보안청만이다.

현행법상으로는 새롭게 제정되지 않는 법형식이더라도, 현행법에 근거를 갖는 법규범은 효력을 갖는다. 이것은 다시 ① 법률·정령·명령에 준하는 법형식, ② 황실·군대에서 제정된 법형식, ③ 외지에서 제정된 법형식, ④ 미국시정권(美國施政權) 하의 오키나와 법령으로 구분된다.

① 먼저 법률·정령·명령에 준하는 법형식으로는 '태정관포고(太政官布告)·태정관달(太政官達)'이 있다. 이는 1868년에 정체서(政體書)에 의해 설치되어 근대 내각제도가 창설되기까지 존속하고 있었던 최고관청인 '태정관(太政官)'이 제정하고 있던 법형식이다. 두 번째로는 '긴급칙령(緊急勅令)'이 있다. 이것은 대일본제국 헌법 제8조에서 정하고 있는 법형식으로, 공공의 안전을 유지하고 또한 그 재앙을 피하기 위하여 긴급의 필요성이 있어 제국의회가 폐회의 경우에서 법률에 대신하는 것으로 천황이 발포하였던 일종의 칙령이다.[47] 세 번째로는 '칙령'이 있다. 이는 대일본제국 헌법 제9조에서 정해지고 있던 법형식으로 법률을 집행하기 위하여 또는 공공의 안녕질서를 유지하고 국민의 행복을 증진하기 위하여 천

47) '포츠담 긴급칙령'이라는 것은 대일본제국헌법 제8조 제1항의 '법률을 대신하는 칙령'에 관한 규정에 근거해 1945년 9월 20일에 공포, 당일 시행된 '포츠담 선언'의 수락에 따라 발하는 명령에 관한 건(昭和 20년 칙령 제542호)의 통칭이다. 같은 날(9월 20일) 제정된 '昭和 20년(1945) 칙령 제542호('포츠담 선언'의 수락에 따라 발하는 명령에 관한 건)시행에 관한 건'(昭和 20년 칙령 제543호)에 의하면, 그 형식은 칙령(소위 포츠담 칙령)·각령·성령의 3종이었으며, 필요한 경우 벌칙도 정할 수 있다고 하였다. 1947년 5월 3일의 새로운 일본헌법이 시행된 이후는 칙령이라는 단어는 사라지고, '정령'(이른바 포츠담 정령)·총리부령·법무부(府)령이라는 '성령'의 형식으로 변경되었다. 포츠담 명령의 대부분은 1952년 4월 28일의 대일평화조약의 발효에 따라, 포츠담 긴급칙령과 함께, 또는 잠정조치로서 발효일로부터 180일을 기한으로 폐지되었지만, 새롭게 대체 법률이 정해지거나 법률로서의 효력을 여전히 갖는다는 존속 조치가 취해진 것도 있다.

황이 제정하고 있던 법형식이다. 헌법상 '법률사항'으로 되어 있지 않은 사항을 대상으로 하는 경우에는 법률에 의하지 아니하고 제정이 가능하였다. 법률사항 이외에도 군에 관한 것은 '군령'으로, 황실에 관한 것은 '황실령'으로 정하였기 때문에 이들을 제외한 것이 칙령 사항으로 되었다. 제정에서는 내각이 보필(사실상 승인)하였기 때문에 현재로는 '정령'으로 보는, 위계령(位階令) 등 일부에는 현재에도 효력을 갖는 것이 있다. 당시 칙령의 폐지나 개정은(법률의 효력을 갖는 '포츠담 칙령'을 제외하고) 정령에 의하여 행해진다. 네 번째로는 '각령'이 있다. 내각관제(明治 22년 칙령 제135호) 제4조에서 정하고 있던 법형식으로 내각총리대신이 제정하였다. 이는 현재의 내각부령에 상당한다.

② 황실·군대에서 제정된 법형식으로는 먼저 '황실전범(皇室典範)'이 있다. 현재의 황실전범은 국회가 제정하는 법률이지만, 대일본제국 헌법 시대에는 제국의회의 의결을 경유하여 제정되고 헌법과 대등의 효력을 갖는 것으로 되어 있다. 두 번째로는 '황실령(皇室令)'이 있다. 구 황실전범에 의하여 제규칙, 궁내관제 및 기타 황실의 사무에 관하여 칙정(勅定)을 경유한 규정이고, 발표하여야 할 것은 이 법형식에 의하여 제정되었다. 세 번째로는 '군령'으로 이는 천황의 육해군 통수권에 관하여 칙정을 경유한 규정의 것을 말한다. 지방(기관)의 장이 제정한 법형식으로는 '도령(都令)', '홋카이도청령[北海道廳令]', '부현령(府縣令)', '주령(州令)', '도령(道令)'이 있다.

③ 외지에서 제정된 법형식으로는 먼저 타이완이 일제지배를 받던 시대에 정해진 법형식인 '율령(律令)'이 있다. 두 번째로는 조선이 일제 지배를 받던 시대의 법형식인 '제령(制令)'이 있다. 제령은 내지에 있어서 법률에서 정하여야 할 사항에 대하여 천황의 칙재(勅裁)를 거쳐 조선총독이 제정하

였다. 세 번째로 '총독부령(總督府令)'은 조선 및 타이완에서 총독이 법률에서 정하여야 할 사항 이외에 대하여 정한 명령이다. 네 번째로 '주령(州令)'은 타이완에서 내지에서는 부현령에 상당하는 명령으로 타이완의 지방단위 '주(州)'의 장인 주지사가 정하는 것을 말한다. 벌칙은 부현령보다 무거운 성령과 동일하고, 조선의 도령보다 가볍다. 다섯 번째 '청령(廳令)'은 타이완에서 내지에서는 부현령에 상당하는 명령으로 타이완의 지방단위 '주'를 설치하지 않은 미개지역 '청'의 장인 청장이 정하는 것을 말한다. 벌칙은 부현령보다 가볍다. 여섯 번째 '관동청령(關東廳令)'은 관동장관이 정하는 명령이다. 벌칙은 칙령과 동일하다. 안녕질서 유지를 위하여 긴급한 때에는 사후에 칙재(勅裁)를 청(請)하면 보다 무거운 벌칙을 추가할 수 있다(1934년까지). 일곱 번째, '관동국령(關東局令)'은 관동국의 장인 만주국주차특명전권대사(滿洲國駐箚特命全權大使) 즉 관동군사령관이 정한 명령이다. 벌칙은 칙령과 동일하다. 안녕질서 유지를 위하여 긴급한 때에는 사후에 칙재를 청하면 보다 무거운 벌칙을 추가할 수 있다(1934년까지). 여덟 번째 '민정서령(民政署令)'은 관동주(關東州)에서 내지에서는 부현령에 상당하는 명령이다. 관동주 지방단위 '구(區)'(1937년까지는 市사와 區는 區에 포함되지 않는다)에 설치된 민정서의 장인 민정서장이 정하는 것을 말한다. 벌칙은 부현령과 동일하다. 아홉 번째 '남양청령(南洋廳令)'은 남양청 장관이 정하는 명령이다. 벌칙은 칙령과 동일하다. 안녕·질서 유지를 위하여 긴급한 때에는 사후에 칙재를 청하면 보다 무거운 벌칙을 추가할 수 있다. 열 번째로 '화태청령(樺太廳令)'은 화태청 장관이 정하는 명령이다. 벌칙은 성령과 동일하다.

④ 미국시정권(美國施政權)하의 오키나와 법령이 있다. 첫째 '포고'는 미국 정부에 의하여 정해진 법형식이다. 주로 점령에 관한 기본원칙 등을 정한

다. 두 번째 '포령(布令)'은 미국 정부에 의하여 정해진 법형식이다. 첫째의 포고를 더욱 구체적으로 규정한 하위 규범이다. 세 번째로 '입법(立法)'은 류큐[琉球] 정부 입법원에 의하여 정해진 법형식이다. 포고·포령의 범위 내에서는 아니나, 일본 본토에서 법령으로 정하여야 할 사항에 대하여 미국 정부의 '승인'을 거쳐 제정되었다.[48)]

4. 미군정기의 법령체계

연합국의 한국 및 일본 전후 점령 정책의 법적 성격을 고찰할 때, 한국에 군정을 행한 '미군정청(United States Army Military Government in Korea ; USAMGIK)'[49)]과 일본에 군정을 한 '태평양미육군총사령부(GHQ, United States Army Forces, Pacific, Office of the Commending General, Yokohama(Tokyo))'는 다르다. 전후 연합국의 한국 점령 정책은 유럽에서의 독일 4대국 점령 통치와는 달리 사실상 전적으로 미국에 의해 규제되었다.[50)] 미국은 한국과 일본에 대해 최고사령관의 지위를 차지하여 필요한 지침을 준비하고 이를 집행할 수 있었기 때문이다.[51)] 특

48) http://ja.wikipedia.org/wiki/%E6%B3%95%E4%BB%A4.

49) 미군정청(United States Army Military Government in Korea ; USAMGIK)이라는 명칭은 처음에는 미군정청(United States Army Military Government of Korea ; USAMGOK)으로 사용했으며, 1946년 1월 16일 군정법령 제43호까지는 재조선미육군사령부(United States Army Military Forces in Korea ; USAMGIK)로, 1946년 2월 22일 군정법령 제44호부터는 재조선미육군사령부 군정청(United States Army Military Government in Korea ; USAMGIK)으로 사용된다.

50) 서독과 점령3개국간의 관계에 관한 조약 제1조 제2항은 "연방공화국은 이에 연방공화국의 대내적·대외적 사무에 있어 주권국가로서 완전한 권한을 가진다"고 규정하고 있다[법제처(1991), 「독일통일관계법연구」, 『법제자료』 제156집, 148쪽].

히 연합국 최고사령관의 권한은 일본의 정부 조직 및 천황을 포함한 일본의 정부기관에 행사되었다. 최고사령관의 지시하에 일본 정부는 일본의 행정 영역에서 정부의 통상적인 권한을 행사할 수 있었다.[52]

1945년 9월 2일 동경만에서 일본의 무조건 항복문서에 일본의 대표 우메즈 요시로[梅津美治郎]가 서명하였고, 이를 수락하여 연합국 최고사령관 맥아더(D. MacArthur)가 서명하였다.[53] 당시 일본의 항복문서에는 일본 왕과 정부의 통치권이 연합국 최고사령관에 예속된다는 것을 다음과 같은 명문으로 규정하고 있다.

> 일본왕과 정부의 통치권은 본 항복조건 집행상 적합한 것으로 고려되는 그런 조치를 취하게 될 연합국 최고사령관에 예속된다.[54]

이처럼 연합국 최고사령관은 항복조건 집행상 일본의 통치권을 관장하게 되었다.[55] 특히 일본 주둔 미군 당국은 비록 전범과 군부를 처벌하기는 하였지만 행정기구를 본질적으로 건드리지는 않았다. 이에 반해 한국은 과거의 억압자로부터 해방되었기 때문에 일본에서의 점령 정책보다 광범한 권력을 행사하는 것이 과도적으로 필요했다.[56] 미군정을 국제법상 '전시점령'으로 볼

51) 모스코바협정 제2조C 및 제3조.

52) 나인균, 「한반도 점령정책의 국제법적 고찰」, 『국제법학회논총』 제48권 제1호, 104쪽.

53) 미국대표(C. W. Nimitz), 중화민국대표(H. S. U. Young-Chang), 영국대표(Bruce Fraser) 및 소련대표(Lieut. Gen. K. Dervyanko)가 부서하였다.

54) http : //www.archives.gov/exhibits/featured_documents/japanese_surrender_document/images/instrument_of_surrender_01.jpg.

55) 김태기(2008), 「전후 SCAP의 역할과 법적 지위」, 동북아역사재단, 17쪽 이하 참조.

56) 어니스트 프랑켈(Ernst Fraenkel) 저, 김동춘 엮음(1988), 「주한미군정의 구조」, 『한국근대사연구』 I, 이성과현실사, 100쪽.

때 "정당한 권력이 사실상 점령군에게 이관되면 점령군은 절대적인 지장이 없는 한 점령지의 현행법을 존중하며, 가능한 한 공공의 질서 및 안녕을 회복하고, 확보하기 위하여 권한 내에 있는 모든 조치를 취하여야 한다"[57]고 규정함으로써 주한 미군정청 및 군정장관의 입법적 권한을 고찰할 수 있다.

주한 미군정청 '관보(Official Gazette)' 등을 고려할 때, 미군정법령체계에는 태평양미국육군총사령관 '포고(Proclamation)', 남조선과도정부 '법률(Public Act)', 재조선미국육군사령부 군정청 '법령(Ordinance)', '행정명령(Executive Orders)', '부령(Oder of Department, Department Oders)', '국령(Bureau Orders)', '지령(Bar Admission)', '훈령(Instructions)', '일반고시(General Notice)', '공고(Public Notice)', '규칙(Regulation)' 등 다양한 명칭과 형식의 법규가 존재한다.[58]

1945년 9월 7일 포고 제1호 '조선주민에게 고함(To the People of Korea)'에서와 같이 '포고'는 군사 점령에 관한 국제법에 근거하며, 한국 내에서 기본법으로서의 효력을 가지고 있었다.[59] 군정법령은 이러한 포고를 구체화하는 법령이면서 '법률'과 같은 지위를 가지는 법령이다. 이것은 군정청 사법부 '법무의견국(Legal Opinion Bureau)'이 명시적으로 언급한 바이다. 즉 주한 미군정의 예와 같은 군사 점령하에서 "ordinance라는 용어는 최고 점령입법기관 즉 군정장관이나 최고사령관으로부터 나오는 입법행위를 지칭하는 데 사용"되며, 따라서 "평시의 최고입법기관의 법률을 의미하는 '제정법(statute)'과 실질적으로 동일한 의미를 지니고 있다." 'ordinance는 군정하 입법 의사의 최종적 표현이며', 군정법령의 위임 범위 내에서 제정되는 규칙(regulation, rule)과 명령(orders)을 군정법령이 폐지하거나 무효화하거나 개정할 수 있지만, 반대의 경우는 있

57) 헤이그 '육전규칙' 제3관 제43조.

58) 최경옥(2004), 「미군정법령에 관한 연구」, 『법사학연구』 제29집, 140~142쪽.

59) 김동춘(1988), 『한국근현대사 연구』 I, 이성과 현실사, 101쪽.

을 수 없다.[60)]

미군정청은 군정법령 제21호로 '총독부 법령'을 존속시켰다는 점에서 1910년 8월 '제령공포식(통감부령 제50호)', 같은 해 10월 '조선총독부령공포식(총독부령 제1호)'과 같은 일제시대의 각종 '공포식'에 따라 법령을 제정·공포할 수도 있을 것이다. 그러나 미군정청은 새로이 관보를 발행하고 독자적인 법령의 '공포식'을 만든다. 이에 1946년 1월 19일 군정장관 '지시(Letter Directive)'에 의해 '법령 기타 법규의 공포, 공포 형식에 관한 건'을 제정하여 시행한다. 따라서 미군정은 '조선에서의 잠정적인 입법권을 지니고 있는 것이다.'[61)]

1947년 5월 17일 법령 제141호 "주한미군정의 한국인 요원은 입법·사법·행정 각 면에서 북위 38도 이남의 한국을 통치하는 '남조선과도정부'를 구성한다"고 하여 대한민국 정부를 수립하기 위한 법적 기초를 만든다. 이에 1948년 7월 17일 제헌헌법을 제정하고, 그 제100조는 "현행법령은 이 헌법에 저촉되지 아니하는 한 효력을 가진다"라고 규정하여 예전 식민지 시기의 법령의 효력을 인정하고 있다.

60) 문준영(2007), 「미군정 법령체계와 국방경비법」, 『민주법학』 통권 34호, 114쪽.
61) 최경옥(2004), 앞의 글, 140쪽.

III. 근대 한국법과 일본법과의 관계

1. 근대 한국법과 일본법의 체계 일반

법을 악용한 식민지배

일본은 '식민지(植民地)'라는 용어의 사용을 꺼렸다. 1889년 제국헌법에는 영토 규정과 식민지라는 개념, 식민지 등의 규정이나 용어가 없다. 식민지라는 개념을 대신해서 1918년 4월 16일 '공통법(共通法)'에서 '내지', '지역'이라는 용어가 사용되었고,[62] '외지'라는 용어는 1929년 '탁무성(拓務省)' 설치 이후부터 사용되었다.[63] 또 일본은 갑작스럽게 획득한 타이완과 달리, 한국에 대해서는 합방을 준비하는 과정에서 이미 입법원칙을 마련해 두었다. 1909년 일본 각의는 '병합 후의 한국에 대한 시정방침 결정의 건. 부(附) 헌법의 석의(釋義)'에서 "한국을 병합한 이상 제국헌법은 당연히 새 영토에 시행되는 것으로 해석한다. 그러나 실제로는 새 영토에 대해 제국헌법의 조장(條章)을 시행하지 않는 것이 적당하다고 인정되므로 헌법의 범위 내에서 제외법규를 제정한다"라는 방침을 확립하였다.[64]

일본은 1910년 8월 29일 '합방'[65] 선언과 동시에 '긴급칙령' 제324호 '조선

62) 제1조 ① 이 법에서 지역이라 함은 내지, 조선, 타이완, 관동주 또는 남양군도를 말한다. 〈개정 1923. 3. 28〉 ② 전항의 내지에는 화태를 포함한다.

63) 1918. 4. 18. '공통법' 원문은 유하영(1995a), 「국제법상 남북한 교역에 관한 연구」, 명지대학교 대학원 참조.

64) 김창록(2002), 앞의 글, 111~114쪽 참조.

65) 소위 '합방'의 국제법적 개념에 대한 논란이 있다. 즉 이를 국제법상 '병합(annexation)', '합병(merger)' 또는 이와 다른 것으로 보는 학자 간의 견해가 일치하지 않는다.

에 시행할 법령에 관한 건'을 공포하여 구한국 법령과 통감부 법령의 효력을 잠정적으로 인정하였다. 1911년 3월 29일에는 1910년 긴급칙령과 내용이 동일한, 법률 제30호 '조선에 시행할 법령에 관한 법률'이 공포되었다. 이 법률은 1896년 법률 제63호 '타이완에 시행하여야 할 법령에 관한 법률'과[66] 같은 내용으로, "조선에서는 법률을 요하는 사항은 조선총독의 명령으로써 이를 규정할 수 있다." 이러한 "명령은 제령(制令)이라고 한다"라고 규정하고 있다.[67]

이러한 제령은 다시 1910년 8월 29일 제령 제1호 '조선에서의 법령의 효력에 관한 건', 1910년 10월 1일 조선총독부법령 제8호 '1910년 제령 제1호에 의한 명령의 구분에 관한 건'에 의해, "1910년 제령 제1호에 의하여 현재 효력을 지닌 명령으로 제령으로 정해야 할 사항을 규정한 것은 제령으로, 조선총독부령으로 정해야할 사항을 규정한 것은 조선총독부령으로, 경무총감부령으로 정해야 할 사항을 규정한 것은 경무총감부령으로, 도령으로 정해야 할 사항을 규정한 것은 도령으로, 경무부령으로 정해야 할 사항을 규정한 것은 경무부령으로 정하기로 한다"라고 규정되었다. 이러한 법령체계는 1945년까지 개정 없이 조선을 지배하는 기본법이 되었고, 조선은 타이완과는 달리 최후까지 일본 제국주의의 '이법지역(異法地域)'이었다.[68]

66) 이 법률은 1906년 법률 제31호로 대체되었으나 타이완총독의 율령제정권은 내용이 같다.

67) '조선에 시행할 법령에 관한 건' 제1조, 제6조.

68) 일본은 1906년 법률 제31호, 1921년 법률 제3 등으로 원칙적으로 일본법이 그대로 타이완에 적용되었고, 다만 특례칙령과 律令으로 예외를 둘 수 있었다는 점에서 조선과는 다르다.

2. 식민지 시기 한일 간 법률 충돌과 적용법

1) 국제법상 '법률충돌법'과 적용법

기본적으로 국제법상 국가 간 국내법이 다름으로 인해 발생하는 문제를 '법률 충돌(conflict of laws)'이라고 한다. 특히 국가 간의 헌법, 행정법, 형법 등 공법의 충돌 문제는 법의 '속지주의'적 특성상 별다른 해결 방법이 없지만 국내 사법이 다르기 때문에 이를 해결하기 위한 방법으로는 ① 국가 간의 국내법을 통일하는 방법, ② 국제법상 조약을 체결하여 해결하는 방법, ③ '국제사법'을 제정하여 해결하는 방법이 있다. 이 중에서 ③의 방법은 내국인과 외국인간의 '외국적 요소'를 가진 민사적 문제를 해결하기 위한 방법이다.

조선과 타이완 등 일제 식민지 시기 한국인과 일본인 및 외국인간 법률충돌의 문제를 해결하는 법의 일본 '법례'와 '공통법'이 있다. 일본 '법례'는 현대적 의미로 '간접법'인 '국제사법'이며, '공통법'은 '직접법'이면서도 '준국제사법'에 해당된다고 할 수 있다.

2) 행정 민사, 형사 관련 사건

일제 식민지 시기 일본은 일반적 행정소송 내지 심판은 허용하지 않아 총독부에 대한 사법적 규제를 하지 못하게 했다. 민사·형사의 일반법은 조선총독부의 '명령'에 해당하는 '제령'으로 '의용'된 조선민사령, 조선형사령이 있었으며, 내용적으로는 일본법과 동일하지만, 형식적으로는 다른 법인 '이법체제(異法體制)'였다. 이는 식민지 타이완과 비교할 때, 출발은 동일하나 점진적으로 양법의 통합을 이룬 '내지연장주의(內地延長主義)' 타이완과는 다른 법체제라고 할 수 있다.

3) 준거법의 문제

속지주의 원칙으로 '법례(法例)'를 적용하긴 했지만 조선에 일제 명치헌법을 적용하는 것은 부정했다. 단 천황의 대권만 적용 인정했다. 조선민사령(제10조~제12조)은 속지주의의 예외로서 속인주의를 인정하고, 관습도 '법원(法源, source of law)'으로 인정했다. 따라서 조선인과 조선인 간 법률사건에서는 조선민사령 제10조가 적용되었고, 조선인과 일본인 간 법률사건에서는 일본법이 적용되었다. 조선인과 조선인 및 일본인 간 부동산 물권 관련 사건에서는 조선민사령 제12조, 조선인의 친족·상속에서는 조선민사령 제11조를 적용했다.[69)]

IV. 근대 한국 법체계 및 시기에서의 한국 영토

1. 근대 한국법에서의 영토에 관한 법규정

1) 근대 헌법

1919년 4월11일에 '대한민국임시헌장'을 선포했다. 이 헌장은 1919년 9월 11일의 '대한민국임시헌법'에 의해 대체되었다. 이 헌법 제3조는 '대한민국의 강토는 구한국의 판도로 함'[70)]이라고 규정하고 있다.

이 조항은 1948년 제헌헌법에서 "대한민국의 영토는 한반도와 그 부속도서로 한다"라는 규정으로 대치되어 오늘에 이르고 있다.

69) 형사법은 속인주의적 예외의 불인정하고 속지주의에 따라 조선형사령을 적용했다[유하영(1995a), 앞의 글 참조 ; 정긍식(2009), 동북아역사재단 내부발표자료 중].

70) 김영수(1980), 『대한민국임시정부헌법론』, 심영사, 225쪽.

2) 미군정 법령

1948년 5월 10일 법령 제189호 '해안경비대의 직무'[71]는 한국의 '영해'에 관해 규정하고 있다.

> 제1조 본령은 서기 1946년 6월 15일부 법령 제86호(조선경비대 및 조선해안경비대)에 의하여 창설된 조선해안경비국의 권한과 직무의 법위를 명확히 함을 목적함
>
> 제3조 법령 제86호 제3조 규정 중 '조선해안경비대가 자(玆)에 창설되고 …… 조선 연안 해상의 해안과 도서순찰을 유지하기 위한 조선정부 해병단으로서 활동함'이라한 규정은 此를 玆에 다음과 같이 부연함
>
> 가. 연안해라 함은 국제법상 영해를 의미함 북위 38도 이남 조선의 영해의 정의를 다음과 같이 정함
>
> 나. 영해라 함은 조선 해안에 沿在하는 각항구, 정박지 灣江 내지 기타 海口와 또한 연해선으로부터 1해리(리-구) 또는 3哩(마이루)이내의 연해역을 포함함

3) 인접해양에 대한 주권선언

1952년 1월 18일 국무원 고시 제14호로 공포된 '인접해양에 대한 주권선언(소위 평화선, 'Rhee Line')'에서는 독도를 포함한 해양경계선과 주권을 국내외에 선언했다. 동 선언 제3조 'ㄷ'항에서는 '북위 38도 동경 132도 50분의 점으로부터 북위 35도 동경 130도의 점에 이르는 선'으로 독도를 한국의 주권이 미치는 지역임을 표시하고 있다.[72]

---

71) 미군정청 관보 제189호. 한국법제연구회(1971), 미군정법령총람, 505쪽.

72) 외무부(1972), 『한일관계참고문서집』, 156쪽.

2. 근현대 국제법에서의 한국의 영토

1) 카이로 선언

국제법적 차원에서의 한국 영토에 관해서는 1943년 12월 1일 '카이로 선언'에서 최초로 언급되었다.

> 일본은 또한 그가 폭력과 탐욕에 의해 약취한 모든 다른 영토로부터 축출된다. …… 전기의 3대국(미국·영국·중국)은 한국민의 노예상태에 유의하고 상당한 경로를 밟아 한국이 해방되고 독립될 것을 결의한다.

2) 포츠담 선언

'카이로 선언'이 있은 후 1945년 2월 26일 미국·영국·중국에 의한 '포츠담 선언(Potsdam Declaration)'이 있었으며, 소련은 동년 8월 8일 대일선전포고와 동시에 이에 가담하였다.[73] 이 선언은 일본의 통치로부터 분리되는 지역에 관해 다음과 같이 규정하고 있다.

> 카이로 선언의 제 조항은 이행될 것이며 일본국의 주권은 北海島·本主·九州·四國과 우리들이 결정하는 제소도에 국한될 것이다.[74]

3) 항복문서

1945년 9월 2일 연합국과 일본 간에 체결된 '항복문서'는 다음과 같이 포

73) Gregory Henderson(1974), "Korea," Gregory Henderson, Richard N. Lebow and John G. Stossinger (eds.), *Divided Nations in a Divided World*, New York : David Mckay, p. 45.

74) 외무부(1972), 앞의 책, 3쪽.

츠담 선언을 계승하고 있다.

> 1945년 7월 26일 포츠담에서 미국·중국·영국의 정부거두에 의해 발표되고, 그 후 소련에 의해 지지된 선언에 제시한 제 조항을 수락한다. …… 우리는 이후 일본정부와 그 승계자가 포츠담 선언의 규정을 성실히 수행할 것을 확약한다.[75]

4) 일반명령 제1호

위와 같은 무조건항복문서에 의하여 4대국 간의 일방적 선언인 '포츠담 선언'의 내용은 일본에 대해서도 구속력을 갖게 되었다.[76] 1945년 9월 2일 연합군 최고사령관 맥아더는 '항복문서'의 부록으로 첨부되어 있는 '일반명령 제1호(General Other No.1)'를 선포했다. 이 명령은 한국을 38°선을 경계로 하여, 이남은 미국이, 이북은 소련이 각각 점령하여 일본군의 항복을 받기로 하는 내용을 포함하고 있다. 이 명령 제1항 (e)는 다음과 같다.

> 일본국 대본영 및 일본본토, 이에 인접하는 제소도, 북위 38도선 이남의 한국, 류큐열도 및 필리핀제도에 있는 일본군의 선임 지휘관 및 모든 육·해·공군 및 보조부대는 미국 태평양 육군부 총사령관에게 항복할 것[77]

5) 항복 후 미국의 초기 대일정책

1945년 9월 6일 '항복 후 미국의 초기 대일정책(United States Initial Post-

75) 외무부(1972), 앞의 책.

76) 이한기(1969), 『한국의 영토』, 서울대학교출판부, 267~268쪽.

77) U. S. Department State(1960), *The Record on Korean Unfication 1943~1960*, Washington, D. C. : U.S.G.P.O., pp. 44~45.

Surrender Policy for Japan)'이라는 문서를 대통령의 재가를 얻어 연합국 최고사령부에 하달했다.[78] 이 문서의 제1부 '궁극의 목적' (a)항에 일본 영토에 관해 다음과 같이 규정하고 있다.

> 일본의 주권은 北海島·本主·九州·四國과 카이로 선언 및 미국이 이미 당사자이거나 또는 장래에 당사자가 되는 기타 협정에 의하여 결정되게 되는 주변의 제소도에 한정된다.[79]

일본의 무조건 항복문서의 내용을 이행하기 위해, 연합국의 이름으로 일본을 점령한[80] 미국의 대일정책을 선언한 이 문서에 의해, 한국의 영토는 일본의 영토로부터 구별되게 되었다. 1945년 9월 7일 태평양미군사령부 맥아더 사령관은 '태평양 미군사령부 포고 제1호(G.H.Q. U.S.Army Forces, Pacific Proclamation No.1)'로 한국의 점령을 선포했다.[81] 이 포고 제1호는 '항복문서'의 규정에 의거하여 38선 이남의 한국의 영토를 점령한다고 공포했다.[82]

6) 항복 후 초기 기본지침

1945년 11월 3일 미국은 연합국 최고사령관에게 '일본의 점령과 관리를 위한 연합국 최고사령관에 대한 항복 후 초기기본지침(Basic Intial Post-Surrender

---

78) F. C. Jones, H. Borton and B. R. Peam(1955), *Survey of International Affairs, The Far East, 1924~1946*, London : Oxford University Press, p. 500.

79) F. C. Jones, H. Borton and B. R. Peam(1955), pp. 500~501.

80) 동문서, 제2부 제1항 군사점령(ibid., p. 501).

81) E. G. Meade(1951), *American Military Govemment in Korea*, New York : King's Crown Press, pp. 103, 251.

82) 외무부(1958), 『한일관계참고문서집』, 115~117쪽 ; 한국법제연구회(1971), 『미군정법령 총람』, 국문판, 한국법제연구회, 1쪽.

Directive to the Supreme Commander for the Allied Powers for the Occupation Control of Japan)'을 하달했다. 동 지침의 제1항 '본 지침의 목적과 범위'에는 일본의 영토를 다음과 같이 규정하고 있다.

> 본 지침상 적용되는 일본은 다음과 같은 것을 포함하는 것으로 한정된다. 일본의 4개본도, 즉 北海島·本土·九州·四國과 對馬島를 포함한 약 1,000여 개의 인접한 제소도에 한정된다.[83)]

'항복 후 미국의 초기대일정책'에 표시된 '주변의 제소도'는 '항복 후 초기 기본지침'에 의해 '인접한 제소도'로 변경 표시되었다.[84)] '항복 후 초기 기본지침'에 의해 일본의 영역으로부터 제외된 독도는 '한국'으로 포함되는 것이 아니라 '미군정'의 통치권으로 즉, 미군정의 영역권 내로 포함되도록 한 것이다.

7) 연합국 총사령부 훈령 제677호

1946년 1월 29일 연합국 최고사령관은 '연합국 총사령부 훈령 제677호(SCAPIN No. 677)'를 통해 일본 정부에 대해 '일본으로부터 특정주변지역의 정치적·행정적 분리(Governmental and Administrative Separation of Certain Outlying Areas from Japan)'라는 항목의 훈령을 하달했다. 이 훈령 제3항에서 일본은 일본의 4개 본도와 대마도를 포함한 약 1,000의 인접 제소도에 한정한다고 규정하고 있

---

83) F. C. Jones, H. Borton and B. R. Peam(1955), p. 510.

84) 동 지침 4(d)는 "귀관은 다음(영토)을 일본으로부터 완전히 통치적 및 행정적으로 분리시킬 일본내에서 적절한 단계적 조치를 취할 것 ① 1941년 세계대전 개시 이래 일본이 탈취했거나 또는 신탁통치나 기타 방법으로 점령한 모든 태평양 소재 도서들 ② 만주, 타이완 및 팽호열도 ③ 한국(Korea) ④ 화태 ⑤ 장차 지령에서 특정될 지도 모를 그러한 기타 영토들(such other territories as may be specified in future directive)"라고 규정한다.

다. 이 훈령은 일본의 통치권으로부터 제외되는 지역을 다음과 같이 열거하고 있다.

(a) 울릉도·독도·제주도,
(b) 북위 4-30도 이남의 유구(南西) 諸島(口文島를 포함), 小笠原·硫黃群島·沖文鳥島· 南鳥島·中文島를 포함하는 周邊太平洋 全諸島,
(c) 千島列島·齒舞群島(水昌·勇留·秋勇留·志發多樂島를 포함).[85)]

이 훈령에 의해서도 독도는 일본 영역으로부터 제외되어 있다.

8) 한미 통치권 이양 협정

'연합국 총사령부 훈령 제677호'에 의해 독도는 '한국'으로 분리된 것이 아니라 '미군정'의 통치권으로 즉, 미군정의 영역권으로 분리된 것이다. 1947년 11월 14일 국제연합 총회는 한국 정부를 수립하고 점령군의 철수를 보장하기 위해 '한국임시위원단(Temporary Commission on Korea)'을 창설하는 결의를 채택했다.[86)] 이 위원단은 1948년 1월에 한국에 도착했으나 소련의 반대로 북한 지역에 들어갈 수 없었다. 이에 1948년 2월26일 국제연합 소총회는 '국제연합 한국위원단(U.N. Commission on Korea)'을 구성하여 남한만의 총선거를 실시한다는 결의를 채택했다.[87)] 이와 같은 결의에 따라 1948년 5월 10일 남한의 총선거가 실시되고, 7월 17일 '대한민국헌법'이 공포되었으며, 8월 15일 대한민국

85) Marjorie M. Whiteman(1964), *Digest of International Law*, Vol. 3, Washington, D. C. : U. S. Government Printing Office, p. 499.
86) U.N.GA Res. 112(II).
87) 유하영(1995b), 「분단국간 교역의 법률충돌문제 해결에 관한 연구」, 『국제법학회 논총』, 113쪽.

정부가 정식으로 수립되게 되었다. 대한민국 정부가 정식으로 수립되기 이전인 8월 11일에 '한미 간의 한국정부에의 통치권 이양 및 미점령 군대의 철수에 관한 협정'이 체결되었다.[88] 이 협정에 의해 남한에 대한 미군의 점령은 법적으로 종료되게 되고 대한민국이 다시금 한국 영토에 대한 통치기능을 행사하게 되었다.[89] 따라서 1949년 1월 29일 '연합국 총사령부 훈령 제677호'에 의해 미군정의 독도에 대한 권능도 한국 정부가 행사하게 되었다. 이로써 독도에 관한 영유권과 영역권은 모두 한국에 있음이 재확인되었다.

9) 대일강화조약

1951년 9월 4일에서 8일까지 샌프란시스코에서 강화회의가 열렸으며, 8일에 '대일강화조약'이 48개 연합국과 일본에 의해 서명되었다.[90] 그러나 버마 · 중국 · 체코슬로바키아 · 인도 · 폴란드 · 소련은 이 조약에 서명하지 않았다. '대일강화조약' 제2조는 한국에 관해 다음과 같이 규정하고 있다.

> 일본은 한국의 독립을 승인하고, 제주도 거문도 및 울릉도를 포함하는 한국에 대한 모든 권리 · 권원 및 청구권을 포기한다.[91]

1956년 10월 19일 모스크바에서 소련과 일본 간에 '소일공동선언'이 서명되었으며, 이 선언은 선언의 형식을 취했지만 '평화조약'이며,[92] 이 선언에 의

88) U. S. Department of state(1948), *Korea, 1945~1948*, New York : Green Wood, p. 19.

89) U. S. Department of state(1948), pp. 98~99.

90) Marjorie M. Whiteman(1964), pp. 555~556.

91) D. Folliot(1954), *Documents on International Affairs, 1951*, London : Oxford University Press, p. 612.

해 소련과 일본 간의 전쟁상태는 종료되었다. 그러나 이는 영토에 관한 문제를 해결하지 못했으므로, '최종적인 평화 조약(final peace treaty)'이라고 볼 수는 없다.[93)]

1951년의 '대일강화조약'은 그 제2조 2항에서 한국이 일본으로부터 분리된다는 것을 법적으로 명시한 것이며, 이는 항복문서에 의해 확약한 전승국과 일본의 정책을 실정법화한 것이다. '대일강화조약'은 연합국 총사령부가 발동한 훈령의 효력을 승인한다는 규정을 이 조약 자체에 명문으로 규정하고 있다. 위 조약 제19조 (d)항은 다음과 같이 규정하고 있다.

> 일본은 전령기간 중에 점령당국의 지령에 의거하거나 또는 그 결과로서 행하여 진 모든 작위 또는 부작위의 효력을 승인하며 ……

이와 같이 '대일강화조약'은 점령당국인 연합국 총사령부가 행한 훈령의 효력을 승인하고 있으므로 '연합국 총사령부 훈령 제677호' 제3항에 의해 한국 영역 독도를 일본이 승인한 것이다. 따라서 만약 한국이 '대일강화조약' 제2조의 규정에 의해 '일본으로부터 분리'된 것으로 본다 할지라도 그 분리의 범위에는 독도가 포함되어 있는 것이다.

92) Hans Kelsen(1967), *Principles of International Law* 2nd. ed., New York : Holt, p. 96.

93) Morris Greenspan(1959), *The Law of Land Warfare*, Berkely and Los Angeles : California University Press, p. 589.

V. 맺음말

근대 조선의 외국법 도입과 법체계 형성시기에 대한 차이는 있으나, 한국은 근대법 체계를 형성하면서 동시에 법을 통한 일본의 침략과 식민지배를 받았다. 제2차 세계대전의 종료와 함께 한국은 해방이 되었으나 한국의 법적 지위의 논란과 더불어 연합국과 미군정 통치를 받게 되면서 영토 문제가 불확실해졌다. 특히 1910년 한일합병조약에 의한 대한제국의 소멸 여부와 일본 제국헌법의 한국 적용 여부 등 법적 쟁점들이 한국과 일본 간의 과거사 청산 현안문제와 더불어 미해결되었다. 또 연합국 점령하의 미군은 1945년부터 1948년 대한민국 신정부가 수립되기까지 수많은 법령을 공포하였으나, 한국의 영토에 관한 보다 명확한 입법체제를 수립하지 못하였다. 1952년 연합국과 일본 간 대일강화조약으로 아시아 태평양에서의 제2차 세계대전의 법적 종결 과정에서도 한국은 한국동란을 치르고 있었고, 조약체결 당사자가 되지 못했다.

현재 한일 간의 법적 관계는 1948년 대한민국 제헌헌법과 1965년 한일 기본관계에 관한 조약으로 설정된다고 할 수 있다. 비록 현재 한국은 남북한으로 분단되어 있으나 구 한국의 법적 정통성은 대한민국이 가진다. 과거와 현재 그리고 앞으로의 한일관계가 보다 가까운 이웃으로 발전하기 위해서는 다양한 영역에서의 한일 간 역사 연구가 그 기초로 비롯되어야 한다.

위에서 고찰해 본 근대시기 조선과 대한제국, 식민지 및 군정기간에서의 법 규범을 고찰한 결과 국내법 규정으로 명확하게 영토와 영해를 규정한 규범은 발견할 수 없었다. 이는 국가 영역의 본질적 특성상 헌법 등 국내법 규범에서보다는 국가 간의 법으로서의 국제법 규범에서 영토에 관한 규범을 규정하는 것이 일반적이라고 결론지을 수 있다. 한 국가의 국가 영역은 필연적으로 인접국과 최소한의 관련성을 갖기 때문이다.

현재까지 몇몇 외국의 법학 입문 교재를 살펴볼 때, 영미법계와 대륙법계를 필두로 중국법계, 일본법계를 별도의 세부 항목으로 언급한 교재는 있으나 '한국법계'를 명확히 언급한 교재는 아직 발견하지 못했다. 이에 우선적으로 국내문헌과 연구를 종합하고자 국제법과 국내외 법령을 고찰한 것이다. 법과 관련 반만년 이상의 오랜 역사를 가진 현재의 한국이 21세기 세계 속의 '평화애호국(peace-loving country)'으로 하루속히 자리매김하기를 바라면서 한국법체계와 영토에 관한 서설적 고찰과 시도를 끝내기로 한다.

• 참고문헌

김동춘 엮음(1988), 『한국근대사연구』 I, 이성과현실사.

김영수(1980), 『대한민국임시정부헌법론』, 삼영사.

김창록(1995), 『일본제국주의의 식민지지배구조의 성격』, 법사학연구.

김태기(2008), 「전후 SCAP의 역할과 법적 지위」, 동북아역사재단.

박병호(1986), 『한국법제사』, 한국방송통신대출판부.

법제처(1991), 「독일통일관계법연구」, 『법제자료』 제156집.

李熙鳳(1980), 「韓末法令小考」, 『학술원논문집』 19, 대한민국학술원.

정긍식(1991), 「한말법령체계분석」, 『한국법제사연구』 I, 한국법제연구원.

정긍식(1995), 『통감부 법령체계 분석』, 한국법제연구원.

정종섭 · 김창록(1995), 「일본제국주의의 식민지 지배구조의 성격」, 『광복50주년기념논문집 1 : 과거청산』, 한국학술진흥재단.

최경옥(2004), 「미군정법령에 관한 연구」, 『법사학연구』 제29집.

Benvenisti, Eyal(1993), *The International Law*, New Jersey : Princeton Univ. Press.

Folliot, D.(1954), *Documents on International Affairs, 1951*, London : Oxford University Press.

Greenspan, Morris(1959), *The Law of Land Warfare*, California University Press.

Henderson, Gregory(1974), "Korea," Gregory Henderson, Richard N. Lebow and John G. Stossinger(eds.), *Divided Nations in a Divided World*, New York : David Mckay.

Jones, F. C., Borton, H. and Peam B. R.(1955), *Survey of International Affairs, The Far East, 1924~1946*, Oxford University Press.

Kelsen, Hans(1967), *Principles of International Law* 2nd. ed., New York : Holt.

Whiteman, Marjorie M.(1964), *Digest of International Law*, Vol. 3, Washington, D. C. : U. S. Government Printing Office.

일본의 독도 영토 배제 조치의 성격과 의미

동북아역사재단 **홍성근**

일본의 독도 영토 배제 조치의 성격과 의미

동북아역사재단 **홍성근**

I. 머리말

2009년 1월 3일 국내 언론이, 1951년 6월 6일 공포된 일본의 '총리부령(總理府令) 24호'와 1951년 2월 13일 공포된 '대장성령(大藏省令) 4호'를 거론하면서 "1951년 일본의 국내 법령이 독도를 일본의 자국 영토에서 제외했다"는 기사를 보도하였다.[1] 며칠 뒤(1월 6일) 일본 외무성(북동아시아과) 관계자가 이에 반박했다는 일본 신문 기사가 국내 통신사를 통해 전해졌다. "문제의 법령은 미국의 일본 점령 당시 일본 정부의 행정권이 미치는 범위가 표시된 것일 뿐 일본 영토의 범위를 나타내는 것이 아니다"는 것이다.[2] 즉 일본 측 견해에 의하면, "독도가 일본의 행정권이 미치는 범위에서 제외된 것으로 표시되어 있긴 하지만, 독도에 대한 일본의 영유권을 부정한 것은 아니다"는 것이다.

그런데 일본이 독도를 자국의 행정권(또는 관할권)이 미치는 범위에서 제외한

1) "독도, 일본섬 아니다, 일 법령 발견", 『조선일보』(2009. 1. 3), A1면, B3면.
2) "외무성, 미군정 하 행정권 범위 표시한 것일 뿐", 『연합뉴스』(2009. 1. 7).

것은 위의 한 사례에 그치지 않는다. 유사한 사례들은 도쿠가와[德川] 막부가 통치한 17세기, 메이지[明治] 시대인 19세기 그리고 제2차 세계대전 직후인 20세기 중반의 쇼와[昭和] 시대에 생산된 문서들을 통해서도 확인할 수 있다. 즉 17세기 문서로는 1667년 『은주시청합기(隱州視聽合紀)』, 1696년 도쿠가와 막부의 도해 금지(渡海禁止) 관련 문서가 있고, 19세기 대표적 문서로는 1870년 「조선국교제시말내탐서(朝鮮國交際始末內探書)」와 1877년 「태정관 지시문(太政官指示文)」이 있다. 제2차 세계대전 이후 문서로는 1946년 연합국 총사령부 훈령(SCAPIN) 제677호와 위의 1951년 일본 국내 법령 등이 이에 해당한다.

이 글에서는 1667년 『은주시청합기』 이후 1951년 일본 국내 법령의 제정에 이르기까지 일본이 독도가 자국의 관할권 내지 권리[3]에 속하지 않는다고 한 조치들이 법적으로 어떠한 의미를 갖고 있는지 살펴보고자 한다. 이를 통해 일본의 소위 독도 영토 편입 조치(1905년)의 실체와 일본의 독도 영유권 주장의 부당성을 보다 분명하게 밝히고자 한다.[4]

3) 이 글에서 언급하는 모든 사례가 일본의 '행정권'에만 관련된 것으로 보이지 않는다. 따라서 이하 내용에서는 '행정권'이라는 용어보다, 통칭하여 '관할권' 내지 '권리'로 표시한다.

4) 이 글에서는 한국이 독도에 대한 영유권을 가지고 있음을 전제로 한다. 즉 한국은 발견 등에 의한 영토적 권원에 기초하여 독도에 대해 적극적 영유의사를 갖고 계속적이고 평온하게 독도를 지배해 왔으며, 일본의 도전에 대해 실질적으로 대응해 왔다.

II. 독도 영토 배제 사례의 내용과 의미

1. 17세기 도쿠가와 막부 시대

1) 『은주시청합기』(1667년)

『은주시청합기(隱州視聽合紀)』는 운슈[雲州, 이즈모국] 마쓰에번[松江藩]의 무사 출신인 사이토 간스케[齊藤勘助][5]가 썼다. 사이토 간스케는 1667년 8월 마쓰에번의 번주(藩主) 마쓰다이라 쓰나타카[松平綱隆]에 의해 인슈[隱州, 오키국]의 군다이[郡代][6]로 임명되었다. 군다이는 막부(幕府)의 직할지를 다스리는 지방 관직이었는데, 당시 오키섬은 막부의 직할지였다. 그는 부임한 이후 오키섬의 이곳저곳을 순시하면서 보고 들은 오키섬의 역사, 지리 등을 상세히 기록하였다.[7]

『은주시청합기』에는 울릉도, 독도와 관련된 내용이 있는데, 아래와 같다.[8]

> 북서 방향으로 2일 1야를 가면 송도(독도)가 있다. 그곳에서 다시 1일 정도에 죽도(울릉도)가 있다(戊亥間行二日一夜有松嶋 又一日程有竹嶋). 이것이 세상에서 말하는 이소다케시마[磯竹嶋]로 대나무나 물고기, 강치가 풍부하

5) 齊藤豊宣라고도 한다. 『은주시청합기』의 저자에 대해서는 池內敏(2006), 「隱州視聽合記(紀)の解釋をめぐって」, 『大君外交と武威』, 名古屋市 : 名古屋大學出版會, 330~332쪽 참고 ; 大西俊輝(2007), 『(續)日本海と竹島 : 日韓領土問題の根本資料『隱州視聽合紀』を讀む』, 東洋出版, 10~15쪽 참고.

6) 大西俊輝 저, 권오엽·권정 역(2004), 『독도』, 제이앤씨, 199쪽 참고.

7) 『隱州視聽合紀』 序 참고[『隱州視聽合紀』는 약 20개의 사본이 있으나, 이 글은 사사키케본(佐々家本)을 저본으로 함].

8) 권오엽(2007), 「隱州視聽合紀와 獨島」, 『동북아역사논총』 18호, 43쪽 ; 池內敏 저, 정영미 역(2005a), 「전근대 죽도의 역사학적 연구 서설」, 『독도논문번역선』 II, 바른역사정립기획단, 167쪽 참고.

다. 이 두 섬은 무인의 땅이다. 이곳에서 고려를 보는 것은 운슈[雲州]에서 인슈[隱州]를 바라보는 것과 같다. 그러한 즉 일본의 서북 한계는 이 주까지로 한다(然則日本之乾地 以此州爲限矣).

위 내용 중 독도 영유권과 관련하여 논의되는 내용은 위의 밑줄 친 "그러한 즉 일본의 서북 한계는 이 주까지로 한다[然則日本之乾地 以此州爲限矣]"는 부분이다. 이 문장 중 일본의 서북 한계를 가리키는 '이 주(此州)'가 '오키섬'인가 아니면 '울릉도·독도'인가를 둘러싸고 한일 양국 간 해석이 엇갈렸다.

일본 정부는 1954년 2월 10일자 외교각서에서 『은주시청합기』를 처음 거론하였다. "일본인들이 독도를 일본의 영토로 간주하면서 항해와 어업에 이용하였다"고 하면서, 독도에 대한 일본의 역사적 권원을 증거하는 자료로 제시하였다.[9] 그리고 1956년 9월 20일자 외교각서에서는 3차례에 걸쳐서 『은주시청합기』를 언급하면서 그 내용을 강조하였다. 즉 위의 밑줄 친 부분을 '울릉도와 독도를 일본의 서북 한계'라고 해석하고 있다.[10]

9) 1954년 2월 10일자 일본측 구술서, 「일본정부견해(2)」[외무부(1977), 『독도관계자료집(I) : 왕복외교문서(1952~1976), 집무자료 77-134(北一)』, 53쪽]. 구술서 원문은, "In olden times Takeshima was known to the Japanese by the name of 'Matsushima' and regarded by them as a part of the territory of Japan and utilized by them in navigation and fishery. At the time of the Third Shogun Iyemitsu of the Tokigawa line, the Shogunate Government permitted two merchant families of Yonago, the Otanis and the Murakawas to control over Takeshima, and the island was used as an intermediate anchorage for voyage to Ulneungdo. Furthermore fishing and hunting were engaged in by the Japanese on and around Takeshima. The following are literature showing what has been stated above : 'Inshu Shicho Gakki'(A record of what has been seen and heard of inshu by Izumo Clansman Saito — The 7th Year of Kammon(1667) ……."

10) 1954년 2월 10일자 일본측 구술서, 「일본정부견해(3)」[외무부(1977), 위의 책, 142~143 · 145쪽(일본어본 구술서) · 159 · 161 · 163쪽(영어본 구술서)]. 구술서 원문

그 이후 한일 양국 학자들 간에 이 문제가 쟁점이 되었다.[11] 하지만 이제는 국내 학자뿐만 아니라 일본 학자들조차도 '이 주'가 '인슈(오키국)'를 말하는 것임을 분명히 하고 있다. 이들은 『은주시청합기』 전체 내용을 분석하여 '이 주'가 오키국에 해당한다는 것을 설득력 있게 설명하고 있다.[12]

이에 더하여 『은주시청합기』의 내용 구성을 볼 때도, 당시 오키국에는 울릉도, 독도가 포함되어 있지 않다는 것을 알 수 있다. 『은주시청합기』는 첫 부분에 지도가 그려져 있고, 이후 모두 4권으로 구성되어 있다. 제1권은 총론(서설과 개관)에 해당하는 「국대기(國代記)」로 오키의 지리적 위치와 현황, 오키 지역의 지배자를 중심으로 한 역사를 기록하고 있다.[13] 제2권~제4권은 제1권 「국대기」에서 언급한 각 지역을 나누어 그 지역의 역사와 지리에 대해 구체적으로 기술하고 있다. 즉 제2권 스키군[周吉郡], 제3권 오치군[穩地郡], 제4권 지부리군[知夫郡]과 아마군[海部郡] 등 각 지역의 지리 현황과 풍속 등을 기술하고 있다.

은, ① "It is quite clear that Matsushima is identical with Takeshima of today in view of the fact that there are old literatures, namely, 'Inshu Shicho Gakki'(A record of what Has been Seen and Heard of Inshu) by on Saito--the 7th year of Ka-mon(1667) ……." ② "In 'Inshu Shicho Gakki'(1667) referred to above, Matsushima(present Takeshima) and Takeshima(Ulneungdo) are regarded as the northwestern limits of Japan ……." ③ "It is interesting to note, in view of the above description, that in 'Inshu Shicho Gakki'(A Record of What Has been Seen and Heard of Inshu)(1667) published before the prohibition by the Shogunate Government of the passage to Takeshima(Ulneungdo), Takeshima(Ulneungdo) and Matsushima(present Takeshima) are regarded as the northwestern limit of Japan."

11) 『은주시청합기』와 관련된 한일 양국 학자들간 논의에 대해서는 池內敏(2001a), 「前近代竹島の歷史學的硏究序說」, 『青丘學叢論集』 25, 169~184쪽 참고.

12) 자세한 내용은 池內敏(2001a), 위의 글, 147~169쪽 ; 池內敏(2006), 앞의 글, 323~352쪽 ; 권오엽(2007), 앞의 글, 39~64쪽 ; 大西俊輝 저, 권오엽·권정 역(2004), 앞의 책, 199~200쪽 참고.

13) 『隱州視聽合紀』 卷一 國代記.

제3권 오치군의 고카[五箇]는 최근까지 일본의 행정구역상 독도가 소속되어 있다고 하는 지역이다. 그런데 그 지역에 관한 내용을 보면, "울릉도[磯竹嶋]로 건너는 자들이 후쿠우라[福浦]라는 마을에서 바람과 날씨를 살피며 기다렸고, 포구의 신에게 무사 귀항을 빈다"라는 내용으로 기술되어 있다.[14] 울릉도로 건너는 자들이 어떠했음을 단순히 기술하고 있을 뿐, 울릉도의 역사, 지리 등에 대한 설명은 없다. 물론 독도에 관한 기술도 없다. 일반적으로 제2권~제4권에서는 제1권 국대기에서 언급한 지역의 역사, 지리, 풍속 등에 대해 구체적으로 서술하고 있는 것을 고려할 때, 울릉도와 독도는 오키국에 소속되어 있는 다른 지역과는 구분된다. 이것은 오키국에 속해 있지 않은 운슈와 하쿠슈[伯州]가 제2권~제4권에 구체적으로 기술되어 있지 않고, 오키국의 지리적 위치만을 나타내기 위해 국대기에서 언급된 것과 같은 이치라고 생각한다.

『은주시청합기』와 독도 영유권의 관련성에 대해, 일본 학자 중에는 "『은주시청합기』에서 오키국을 일본의 서북쪽 한계라고 하더라도 울릉도와 독도가 조선령의 섬이 된다는 의미는 아니다"라고 주장하는 이도 있다.[15] 즉 "이 사료는 그에 관해서는 어떠한 언급도 없으므로 영유권을 둘러싼 논쟁에서 이 사료를 이용하는 것은 명백한 잘못이다"라고 주장한다. 물론 독도가 한국의 영토라고 하는 기술은 없다. 하지만, 독도 영유권과 전혀 무관하다고 볼 수는 없다. 앞서 본 바와 같이, 이미 일본 정부는 이 책을 독도 영유권 주장의 중요한 증거자료로 제시한 바가 있다. 그리고 이 책의 저자와 저술 방법을 살펴보면 17세기 당시 독도가 일본의 영역에서 제외되고 있음을 알 수 있다. 즉 이 책의 저자는 사인(私人)이 아니라, 막부 직할지를 다스리는 '군다이'라는 지방 관리

14) 『隱州視聽合紀』 卷之三 穩地郡.

15) 김병렬 · 內藤正中(2006), 『한일전문가가 본 독도』, 다다미디어, 182쪽 ; 池內敏(2001a), 앞의 글, 164쪽 참고.

로서, 그는 막부를 대신하여 막부 직할지 오키섬을 관리하고 있었다. 그러한 저자가 오키 지역의 이곳저곳을 순시하였을 뿐만 아니라, 오키 지역의 장로들로부터 보고 들은 바를 적었다. 이는 지방 관리인 저자의 자기 관할 영토에 대한 현실 인식과 그 지역 주민의 영토 인식을 그대로 반영하고 있다.

『은주시청합기』는 울릉도와 독도가 오키섬 소속의 섬이 아니었으며, 일본 영지의 한계 밖에 존재하는 섬이라는 것을 밝혀주고 있다. 17세기 일본 어민들이 울릉도를 도해(渡海)하였다고 하는 시기에 당시 일본 관리의 영토 인식이 어떠하다는 것을 잘 보여주고 있다. 적어도 당시 일본의 지방 관리들과 일반인은 울릉도와 독도가 일본의 서북 한계 밖이라고 인식하고 있었다는 것이다.

『은주시청합기』가 제작된 지 약 30년 후, 일본 도쿠가와 막부는 울릉도 도해 금지 조치를 내렸다. 아래에서 살펴보는 바와 같이 1695년 일본 막부는 울릉도(독도 포함)가 돗토리번[鳥取藩]에 포함되는가를 물었을 때, 돗토리번은 귀속하지 않는다고 답변하였다. 돗토리번의 이러한 영토 인식은 『은주시청합기』에서 기술하고 있는 "일본의 서북 한계는 오키국까지로 한다"는 것과 결코 무관하지 않다. 울릉도(독도 포함)에 대한 오키섬 지역민의 인식은 돗토리번 지역민의 인식과 결코 다르지 않기 때문이다. 당시 돗토리번 요나고[米子] 지역의 어민들은 오키섬의 후쿠우라에서 바람과 날씨를 기다려 울릉도로 건넜던 것이다.

2) 17세기말 도쿠가와 막부의 울릉도 도해 금지 조치

『은주시청합기』가 제작되고 26년 후인 1693년 한일 간에 울릉도를 둘러싼 논쟁이 있었다. 1693년 어업을 위해 울릉도에 왔던 일본의 오야가[大谷家] 사람들이 안용복 일행을 일본으로 데리고 가면서 논쟁이 시작되었다. 이 논쟁은 1696년 1월 일본 막부에서 울릉도 도해 금지를 결정하면서 정리되었다. 그에 앞서, 1695년 12월 24일 도쿠가와 막부의 노중(老中)은 돗토리번으로 울릉도에 대한 내용을 파악하기 위해 질문서를 보냈다. 7개항의 질문 중 첫 번째와 일곱 번째 내용을 보면 울릉도, 독도의 귀속과 관련된 내용이 있다.[16)]

> ① 인슈[因州]와 하쿠슈[伯州]에 속하는 죽도(울릉도)는 언제부터 양국에 속하게 되었는가? 선조가 영지를 하사받은 이전의 일인가, 또는 그 이후의 일인가?
>
> ⑦ 죽도(울릉도) 외에 양국(因幡, 伯耆)에 속하는 섬이 있는가? 아울러 양국의 어민이 거기에 가고 있는가?

이에 대해 돗토리번은 그 다음날인 12월 25일자로 회답서를 보냈다.[17)]

> ① 죽도(울릉도)는 이나바[因幡]와 호키[伯耆]에 속하는 섬이 아닙니다. 호키국[伯耆國] 요나고의 주민 오야 큐우에몬[大谷九右衛門]과 무라카와 이치베에[村川市兵衛]라고 하는 자가 도해한 건에 관해 마쓰다이라 신타로[松平新太郎]가 영주일 때, (막부가) 奉書로써 명령하셨다고 들었습니다. 그 이전에도 도해한 적이 있다는 말을 듣고는 있습니다만, 거기에 대해서는 잘 알지 못합니다.
>
> ⑦ 죽도(울릉도)와 송도(독도), 그 외에도 양국에 속하는 섬은 없습니다.

막부가 질문에서 '인슈와 하쿠슈에 속하는 울릉도'라고 하여 울릉도가 마치 인슈 곧, 이나바국[因幡國]과 하쿠슈 곧, 호키국[伯耆國]에 속하는 것처럼 말하

---

16) 內藤正中 저, 정영미 역(2005b), 「죽도일건을 둘러싼 제문제」, 『독도논문번역선』 I, 바른역사정립기획단, 171～172쪽 ; 大西俊輝 저, 권오엽·권정 역(2004), 앞의 책, 224～225쪽 참고.

17) 內藤正中 저, 정영미 역(2005b), 위의 글, 173～175쪽 ; 大西俊輝 저, 권오엽·권정 역(2004), 앞의 책, 225～226쪽 참고.

였다. 그런데, 돗토리번은 오히려 울릉도와 독도가 이나바국과 호키국에 속하는 섬이 아니라는 것을 분명히 하였다. 당시 일본의 최고권력기관인 도쿠가와 막부는 이러한 돗토리번의 울릉도, 독도에 대한 인식에 기초하여 1696년 1월 28일 도해 금지 조치를 내렸다. 도해 금지 조치의 내용은 다음과 같다.[18)]

> 지금까지 어로를 하고 있다고 해도 앞으로는 죽도(울릉도) 도해 금지를 명한다.

이러한 조치의 배경에는 1695년 12월의 돗토리번 회답서를 받은 도쿠가와 막부 노중의 아래와 같은 정치적 판단이 있었다.[19)]

> 원래부터 이 섬을 취한 것이 아니기 때문에 지금 그것을 돌려준다는 말은 더 할 것도 없다. 취했다거나 돌려준다가 아니라, 그저 우리나라 백성이 섬에 가는 것을 금하는 것만으로 좋다. 섬의 영유로 언제까지나 다투는 것보다 서로가 평화 우호하는 편이 더 좋은 것이다. 우리나라의 깊은 의도를, 역시 상대 나라도 이해하게 하자.

일본 어민들의 울릉도 도해를 금지한 일본 정부는 1697년 1월 이러한 사실을 조선 측에 알려온다.[20)]

---

18) 池内敏 저, 정영미 역(2005c), 「17~19세기 울릉도 해역의 생업과 교류」, 『독도논문번역선』 II, 바른역사정립기획단, 157쪽 ; 大西俊輝 저, 권오엽·권정 역(2004), 앞의 책, 227쪽 참고.

19) 池内敏 저, 정영미 역(2005c), 위의 글, 157쪽 ; 大西俊輝 저, 권오엽·권정 역(2004), 앞의 책, 227~228쪽 참고.

20) 신용하(1996), 『독도의 민족영토사 연구』, 지식산업사, 112~113쪽 ; 신용하 편저(1999), 『독도연구총서 6 : 독도영유권 자료의 탐구』, 독도연구보전협회, 213~216쪽 참고.

죽도(울릉도)가 본방(일본)으로부터 거리가 심히 멀고, 귀국(조선)으로부터 거리는 도리어 가깝습니다. 또한 아마도 두 나라 사람들이 (그곳에서) 섞이면 잠통과 사시 등의 폐단이 반드시 있을 것입니다. 따라서 곧 명령을 내려 영구히 사람들(일본인)이 (그곳에) 가서 漁採함을 不許했습니다.

일본 측은 조선에서 울릉도가 지리적으로 가깝다는 것 등에 기초하여 일본 어민들이 울릉도에 가서 어업하는 것을 영원히 금지하는 조치를 내림으로써 울릉도(독도 포함)가 조선의 영토임을 인정하고 있다. 조선 측에서는 1697년 2월 일본의 도해 금지 사실을 중앙 정부에 보고하고, 1698년 4월 일본 측에 이를 확인하는 외교문서를 전달하였다.[21)]

울릉도가 우리 땅임은 『동국여지승람』과 그 지도에 실려 있고 문헌 증거가 분명하니, 저쪽(일본)으로부터는 멀고 이쪽(조선)으로부터는 가깝다는 것을 논할 것도 없이 강계는 스스로 판별되는 것입니다. 귀 주(대마도)는 이미 울릉도와 竹島가 一島二名임을 알고 있은즉, 그 이름이 비록 다를지라도 그것이 우리나라의 영토임은 매한가지입니다. 귀국이 명령을 내려 사람들(일본인)로 하여금 (그곳에) 가서 漁採하지 못하도록 영구히 불허한 것은 그 말뜻이 정녕하여 오랫동안 보전되리라고 생각하며 실로 다행스러운 일입니다. 우리나라도 또한 마땅히 관리에게 분부하여 때때로 검찰해 두 나라 사람들이 뒤섞이는 폐단을 끊도록 할 것입니다.

이에 대해 1699년 일본 측이 조선 측에 관련 답서를 보내옴으로써 울릉도를 둘러싼 한일 간의 논쟁은 끝을 맺게 되었다.[22)]

21) 신용하 편저(1999), 앞의 책, 216～219쪽 참고.
22) 신용하 편저(1999), 앞의 책, 219～222쪽 참고.

전년에 譯使가 바다를 건너왔을 적에 竹島一件을 대면해서 진술했었는데, 이에 대해 귀하가 사정을 깊이 헤아려서 양국이 交誼를 영원히 통하게 하고 誠信을 더욱 힘쓰게 함을 보여주었으니, 지극히 다행한 일입니다. (귀측에서) 보인 뜻은 즉시 東武(江戸의 도쿠가와 막부 쇼군[將軍])에게 啓達하겠습니다.

위에서 살펴본 1697년 이후 1699년까지 3차례에 걸쳐 교환된 한일 간 외교문서 자료는 1877년 일본 메이지 정부가 '울릉도 외 일도(一島)'에 관한 판단을 할 때 작성한 공문서의 부속문서로 첨부되어 있다.[23)]

그런데 오늘날 일본 측은 울릉도 도해는 금지되었을지 모르지만, 독도 도해는 금지되지 않았다고 한다. 그러나 앞에서 언급한 바와 같이 도쿠가와 막부의 도해 금지 조치의 계기가 된 1695년 12월 돗토리번의 회답서에는 독도가 울릉도와 함께 언급되어 있다. 실질적으로 1696년 1월 도해 금지 조치 이전에 일본 요나고 지역의 어민들이 울릉도로 건너가기 위해 기다린 곳은 독도가 아니라 오키섬 후쿠우라였다.[24)] 독도는 울릉도로 가는 항로 중에 있었고,[25)] 독도는 그때나 지금이나 바람과 날씨가 잔잔해지기를 기다릴 만한 지리적 환경이 되지 못한다.

그리고 1658년에서 1660년 당시 울릉도 어업과 관련하여 일본인들은 독도를 '울릉도 내 독도[竹島之内松島]',[26)] '울릉도 근방의 독도[竹島近邊松島]', '울릉

23) 『公文錄』 內務省之部 1, 「日本海內竹島外一島地籍編纂方伺」의 元祿年間 附屬文書 제2~4호 참고.

24) 『隱州視聽合紀』 卷之三 穩地郡.

25) 1658年 9月 7日 龜山庄座衛門이 울릉도 어업자 大谷九右衛門에게 보내는 편지[川上健三(1966), 『竹島の歷史地理學的研究』, 古今書院, 77쪽 ; 池內敏 저, 정영미 역(2005c), 앞의 글, 28~30쪽.

26) 1660年 9月 5日 龜山庄座衛門이 울릉도 어업자 大谷九右衛門에게 보내는 편지[川上

도 가까운 곳에 있는 작은 섬[竹島近所之小島]'이라고 표현하였다.[27] 이러한 표현 이면의 인식에는 실질적으로 독도가 울릉도에서 보일 정도로 가까운 거리에 있다는 것이 크게 작용했을 것으로 보인다. 대개 작은 규모의 섬은 이웃하는 큰 섬에 그 운명을 의존하고 있다. 위와 같은 영토 인식을 고려할 때, 일본 어민들의 울릉도 도해 금지에는 당연히 독도가 포함되어 있었던 것으로 보인다. 또한 17세기 당시 일본 어민들의 실질적인 어업 대상지는 울릉도였으므로,[28] 울릉도 도해 금지 이후 독도만을 대상으로 한 어업은 행하여지지 않았다. 그리고 뒤에서 언급하는 1870년 「조선국교제시말내탐서(朝鮮國交際始末內探書)」, 1877년 「태정관 지시문(太政官指示文)」 등은 17세기 말 울릉도 도해 금지 당시 울릉도만이 아니라 독도까지 포함되어 있었다는 것을 확인시켜 주고 있다.

2. 19세기 메이지 시대

1) 1870년 「조선국교제시말내탐서」

메이지 정부 수립 직후인 1869년 12월, 일본 외무성은 사다 하쿠보[佐田白茅, 1832~1907] 등 외무성 관리 3명을 조선에 파견하여 조선의 여러 국정 상황을 조사하도록 하였다. 이들 외무성 관리들이 지시 받은 조사 사항은 13개 사항으로 그 중 13번째가 울릉도, 독도와 관련된 사항이다.[29]

健三(1966), 위의 책, 74쪽 ; 池內敏 저, 정영미 역(2005c), 앞의 글, 34~36쪽].

27) 川上健三(1966), 앞의 책, 80쪽 참고.

28) 池內敏(1999), 「竹島渡海と鳥取藩 : 元祿竹島一件·序說」, 『鳥取地域史研究』 第1號, 31~47쪽 ; 池內敏(2006), 앞의 글, 244~272쪽.

29) 자세한 내용은 신용하(1996), 앞의 책, 156~164쪽 참고.

⑬ 죽도(울릉도)와 송도(독도)가 조선 부속으로 되어 있는 시말

이 조사 사항은 메이지 시대 최고권력기관인 태정관과 외무성이 관여한 것으로, 두 정부기관이 울릉도와 독도가 조선 부속이라는 인식을 갖고 있었음을 보여준다.

사다 하쿠보 등 외무성 관리는 이 지시 사항에 대해 다음과 같이 보고한다.[30)]

> 죽도(울릉도)와 송도(독도)가 조선 부속으로 되어 있는 시말
> 이 건에서 송도(독도)는 죽도(울릉도)의 인접도서[隣島]로서 송도(독도) 건에 대해서는 이제까지 게재된 서류도 없다. 죽도(울릉도) 건에 대해서는 원록시대 이후 잠시 조선이 居留를 위해 사람을 보내 살게 한 바 있다. 당시는 이전과 같이 無人으로 되어 있다. 대나무 또는 대나무보다도 굵은 갈대가 생산되고, 인삼 등이 자연 식생한다. 그밖에 어획량도 나름대로 높다고 들었다.

위 지시 사항과 조사 보고서는 일본 외무성이 편찬한 공문서철인 『일본외교문서』 제2권과 제3권에 각각 수록되어 있다.[31)] 위 보고서 내용 중에 원록시대(1688~1704)를 언급하고 있는 것으로 보아, 그 시기에 벌어진 울릉도 논쟁과 도쿠가와 막부의 울릉도 도해 금지 조치의 역사를 그 배경으로 하고 있다. 그리고 독도에 대해서는 게재된 서류가 없다고 하지만, 울릉도의 인접도서라는 점을 밝히고 있다. 또한 보고자들은 지시 내용이 '울릉도와 독도가 조선 부속'

30) 신용하(1996), 앞의 책, 157쪽 ; 신용하 편저(1999), 앞의 책, 235~239쪽 ; 山邊健太郎 저, 유달영·유영식 역(2005), 『일제의 조선 침략사 1876~1910년』, 보문서원, 41~42쪽 참고.

31) 신용하(1996), 앞의 책, 159쪽 참고.

으로 되어 있다는 것에 대해 특별한 이의를 제기하지 않고 있음에 주목해야 한다. 독도에 대해 게재된 서류가 없다는 것은 당연한 일일 것이다. 왜냐하면 독도는 규모가 작아서 특별히 주목을 받지 못했다는 점과, 독도가 상대적으로 규모가 큰 울릉도의 부속도서로서 울릉도와 운명을 같이 하는 섬으로 다루어져 왔기 때문이다.

2) 1877년 「태정관 지시문」

막부 체제가 무너지고 메이지 시대가 열리면서, 일본 메이지 정부는 국가 체제를 정비하는 한편, 전국 지도를 제작하게 되었다. 이러한 과정에서 시마네현[島根縣]은 1876년 10월 16일자 공문을 통해 "울릉도와 독도를 시마네현에 포함시킬 것인가"의 여부에 관해 내무성에 질의하였다.[32] 1877년 3월 내무성은 시마네현의 질의에 대해 결론을 내렸다. 즉 "이 문제는 17세기에 끝난 문제이고 울릉도와 독도는 일본과 관계가 없다"는 것이다. 하지만 "이는 영역에 관한 중요한 문제라고 판단"하고 3월 17일자로 메이지 시대 당시 최고권력기관인 태정관에 최종 결정을 의뢰하였다.[33]

> 일본해(동해) 내 죽도(울릉도) 외 1도 지적 편찬에 대한 질품서
>
> 죽도(울릉도) 소속 관할의 건에 대하여 시마네현으로부터 별지의 질품이 와서 조사한 바, 해당 섬의 건은 원록 5년(1692) 조선인이 입도한 이래 별지 서류에 적시한 바와 같이 원록 9년(1696) 정월 제1호 구 정부의 평의 관련 문서, 제2호 역관에게 준 문서, 제3호 해당국에서 온 서신, 제4호 본방의 회답 및 구상서 등과 같은 바, 즉 원록 12년(1699)에 이르러 각각 왕복이 끝났

32) 신용하(1996), 앞의 책, 164~171쪽 참고.
33) 신용하 편저(1999), 앞의 책, 239~240쪽 참고.

으며, 본방(일본)은 관계가 없다고 들었지만, 판도의 취사는 중대한 사건이므로 별지 서류를 첨부하여 이에 품의하나이다.

이는 일본 내무성의 내무경 오쿠보[大久保利通] 명의로 태정관 우대신 이와쿠라 도모미[岩倉具視]에게 보내는 공문서 내용이다. 그간 17세기 울릉도 논쟁과 관련된 막부의 결정 내용, 한일 간에 교환된 외교문서 등을 첨부하여 태정관에 최종적인 결정을 요청하고 있다. 태정관은 이 건을 조사한 뒤 1877년 3월 20일자로 다음과 같은 결정을 최종적으로 내렸다.

품의한 취지의 울릉도 외 一島의 건에 대해서 일본은 관계가 없다는 것을 명심할 것

그 지시문은 같은 해 3월 29일자로 내무성에 통보되었고, 내무성은 역시 같은 해 4월 9일자로 그 결정 사항을 시마네현에 전달하여 "울릉도와 독도를 시마네현에 포함시키지 말 것"을 지시하였다. 위의 '울릉도 외 일도(一島)'에서 일도가 독도라는 것은 위 공문서의 첨부 지도인 「기죽도약도」(지도 1)와 부속서류에서 파악할 수 있다.[34)]

일본은 태정관의 결정으로 명백히 울릉도와 독도를 일본의 영역에서 제외하고 있다. 이는 17세기 한일 간 울릉도 논쟁의 결과를 그대로 반영하고 있다는 점에 주목할 필요가 있다. 내무성의 품의서나, 「태정관 지시문」은 울릉도와 독도를 한 세트로 인식하고 있는데, 이는 17세기 당시 도쿠가와 막부가 도해 금지한 지역에는 울릉도만이 아니라 독도도 포함되어 있다는 것을 확인시켜 주고 있다.

34) 『公文錄』 內務省之部 1(明治 10年 3月).

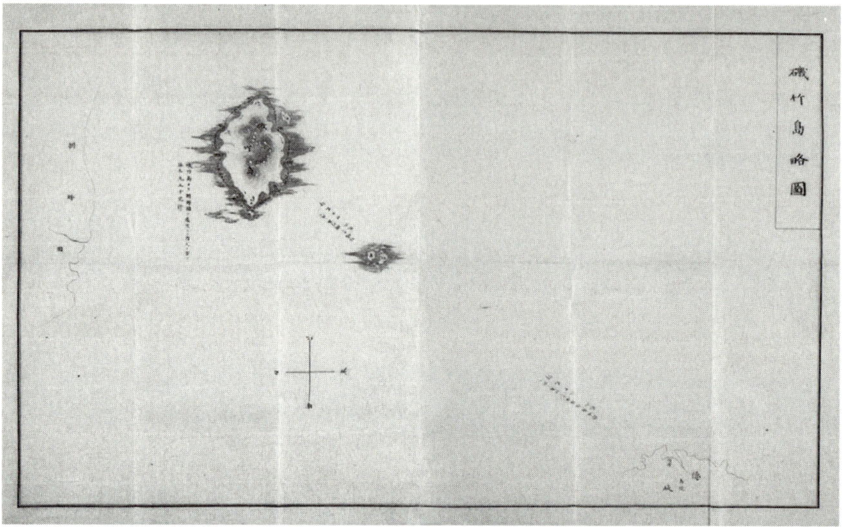

지도 1_ 기죽도약도

이러한 조치 결과가 당시 일본 정부의 지도 제작에 실제로 반영된 것으로 보이는 지도가 있다. 일본 메이지 정부는 전국 통치를 추진하며 국가 전체를 파악하기 위하여 치밀하게 지도를 작성하였다. 메이지 시대 초기 일본 정부의 지도 작성 기관은 내무성 지리국(地理局)이다. 내무성 지리국은 자세한 일본도와 지방도를 작성하였는데, 1879년 「대일본부현관할도(大日本府縣管轄島)」(지도 2), 1880년 「대일본국전도(大日本國全圖)」(지도 3), 1881년 「대일본부현분할도(大日本府縣分轄島) 시마네·오카야마 2현도[島根·岡山二縣島]」(지도 4)가 그것이다.[35] 이들 지도에는 오키섬만 시마네현 소속의 섬으로 그려져 있고, 독도와 울릉도는 일본에 포함되어 있지 않다. 특히 1880년 「대일본국전도」(지도 3)에서는 당시 영유권 문제가 거론된 오가사와라[小笠原] 제도와 남쿠릴 열도에 대해 다른 어떤 지역보

35) 地圖資料編纂會(1999), 『明治初期 內務省地理局作成地圖集成』 第2卷(日本圖, 地方圖編), 柏書房, 1·9·15·16·26쪽 참고.

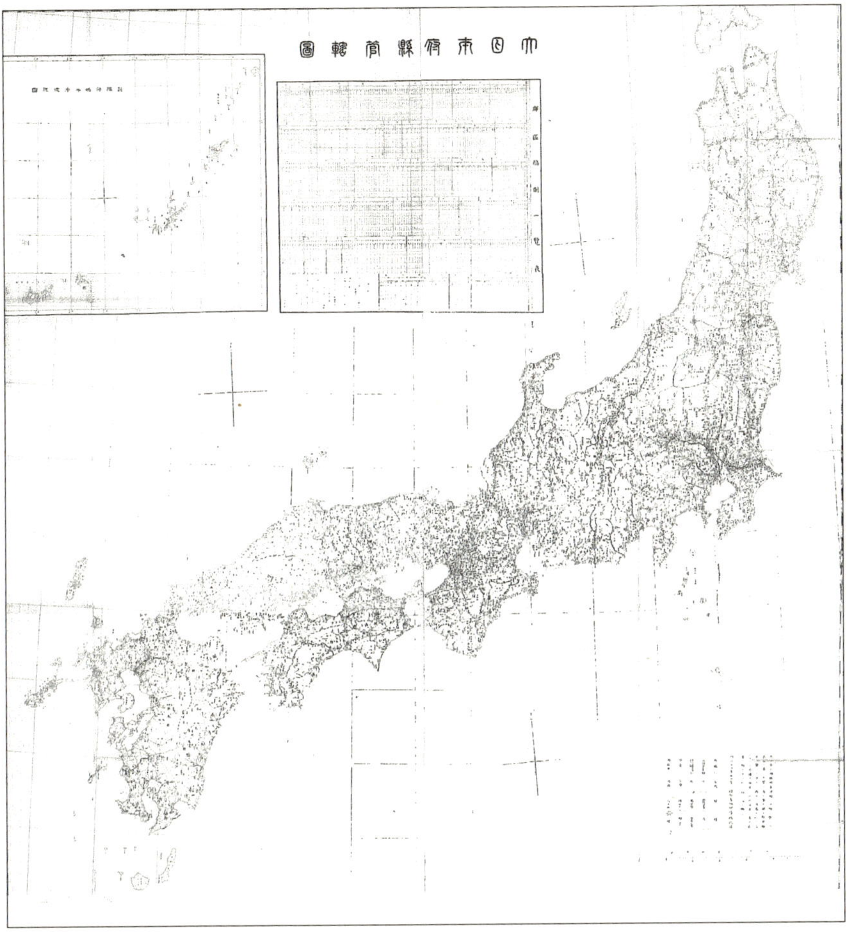

지도 2_ 1879년 대일본부현관할도(내무성 지리국 작성)

다 상세하게 그리고 있다.[36] 그럼에도 불구하고 시마네현 관련 지도에는 울릉도와 독도가 없다. 오히려 1876년 일본 해군성의 「조선동해안도」에서는 독도를 한국 영역에 포함시키고 있다.

36) 地圖資料編纂會(1999), 위의 책, 1쪽 참고.

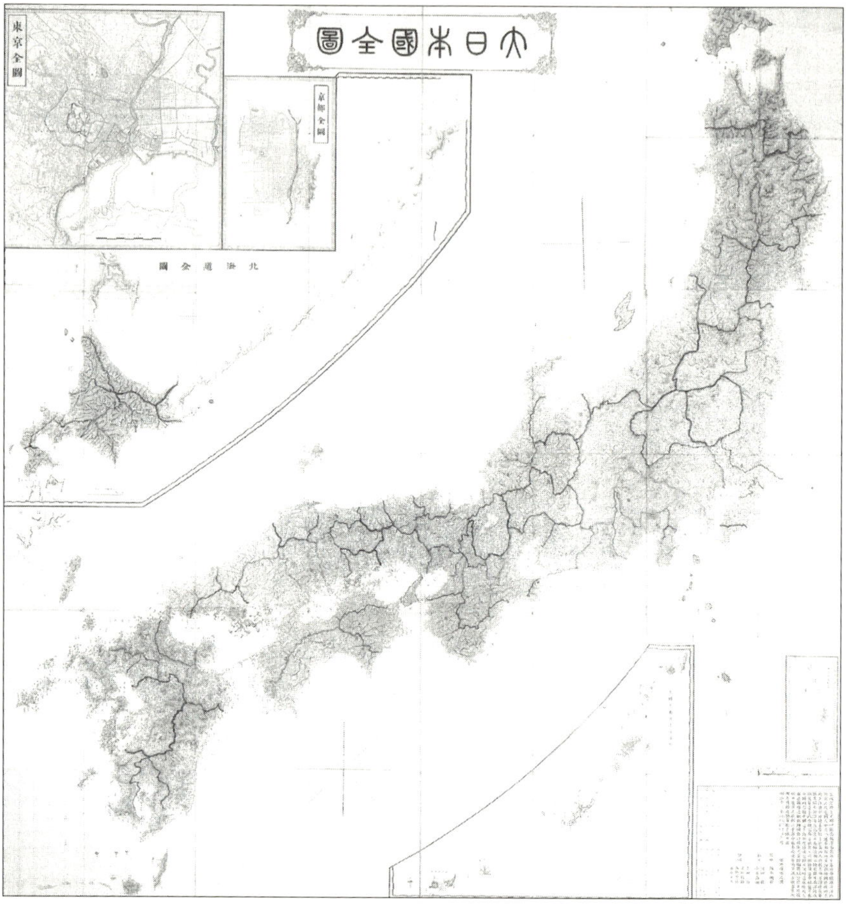

지도 3_ 1880년 대일본국전도(내무성 지리국 작성)

1877년 「태정관 지시문」의 결정에는 태정관뿐만 아니라 관련 지자체인 시마네현, 정부 담당부처인 내무성이 모두 참가하였다. 그리고 메이지 정부의 태정관이 "울릉도 외 일도(독도)가 일본과 관계없다"라고 한 것은 울릉도와 독도가 '무주지'이거나 '한국의 영토가 아닌 제3국의 영토'라는 의미가 아니다. 이 결정은 17세기 말 한국과의 외교 교섭을 통해 울릉도와 독도의 영유권과 관련하여 이미 결정난 사항을 재확인하고 이행하는 것임에 주목해야 할 것이다.

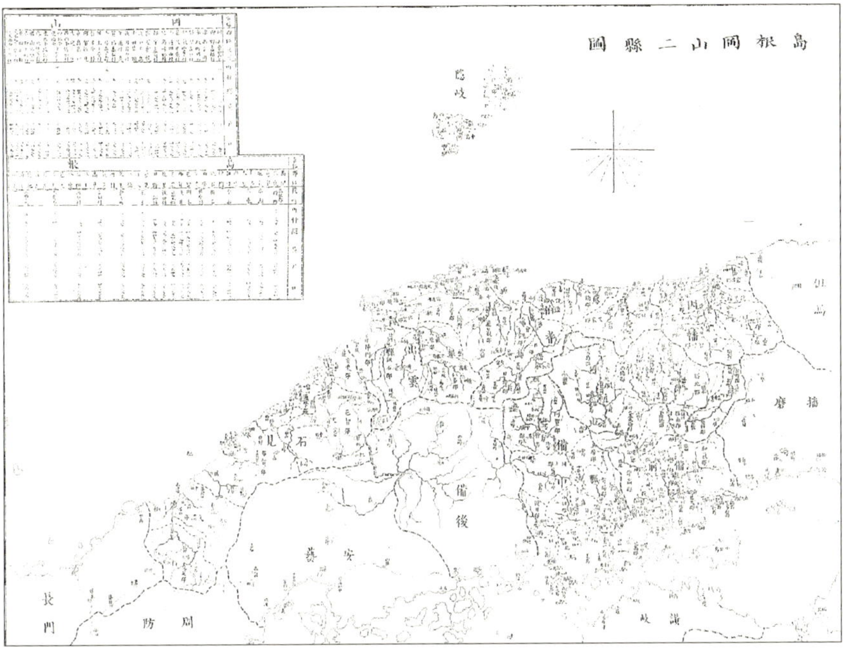

지도 4_ 1881년 대일본부현분할도 시마네 · 오카야마 2현도(내무성 지리국 작성)

3. 제2차 세계대전 후 연합국 총사령부 통치기(1945~1952년)

1) 제2차 세계대전 이후 연합국 조치

1945년 제2차 세계대전 이후 일본은 한반도에서 퇴거한 이후 독도에서도 퇴거되었다. 이것은 전후 연합국 총사령부의 조치를 통해서 확인할 수 있다. 연합국 총사령부는 1945년 9월 맥아더 라인을 설정하여 일본 선박을 위한 조업 제한 구역을 설정하였는데, 독도를 그 구역에서 제외하였다. 그리고 연합국 총사령부 훈령(SCAPIN) 제677호(1946년 1월 29일)는 일본의 영역을 정의하고, 그 영역 외의 특정지역에 대한 권리 행사의 종결을 규정하고 있다.

① 일본 외부의 특정지역 또는 동 특정지역 내 정부 공무원 및 고용원 또는 기타 어떤 사람들에 대한 통치권적 또는 행정적 권위의 행사 또는 행사 시도의 종결을 일본 정부에 지시한다.

③ 본 훈령의 목적상 일본은 일본의 4개 도서(홋카이도, 혼슈, 규슈, 시코쿠)와 대마도를 포함한 약 1,000개의 인접한 보다 작은 도서들과 북위 30도의 북쪽 류큐(난세이) 열도(구찌노시마 제외)로 한정되며, (a) 우쓰료(울릉도), 리앙쿠르암(다케시마(독도)) 및 퀠파트(사이슈 또는 제주도), (b) 북위 30도 이남 류큐(난세이) 열도(구찌노시마 포함), …… (c) 쿠릴(치시마) 열도, 하보마이 군도(수이쇼, ……)와 시코탄섬을 제외한다.

연합국 총사령부 훈령 제677호는 제①항과 제③항에서 '일본 외부'와 '일본'을 구분하여 정의하고 있는데, 독도는 울릉도, 제주도와 함께 '일본 외부' 지역으로 분류되고 있다. 영토주권은 일반적으로 영토 자체에 대한 지배권(dominium)과 사람에 대한 지배권(imperium)을 내포하고 있다. 연합국 총사령부 훈령 제677호는 제①항에서 특정지역 내 '사람'뿐만 아니라 '특정지역'에 대한 권리의 행사 또는 행사의 시도까지도 종결시킨다는 것을 규정하고 있다. 요컨대 연합국 총사령부 훈령 제677호는 제③항에서 언급하는 독도라는 지역과 그 지역 내 사람에 대한 권리 행사의 종결을 지시하고 있다. 또한 연합국 총사령부는 훈령 제1033호(1946년 6월 22일)를 통하여 일본인들이 독도 근해 12해리 이내로 접근할 수 없도록 규정하였다.

(b) 일본 선박이나 선원들은 독도(북위 37° 15', 동경 131° 53')에 12마일 이내로 접근하거나 동 도서에 어떠한 접촉도 해서는 안된다.

연합국 총사령부는 훈령 제1778호(1947년 9월 16일)와 훈령 제2160호(1951년 7월 6일)를 통하여 독도를 폭격 연습지로 지정하고 일본 어민들의 독도 근해 조업을 제한하였다.[37] 1945년 이후 대일강화조약이 발효하는 1952년까지 7년간 연합국 총사령부는 일본의 독도에 대한 관할권 행사를 배제 또는 제한하였다. 그로 인해 독도에 대한 일본의 권리 행사는 배제되었고 실효적으로 점유할 수 있는 법적 근거는 완전히 봉쇄되었다.

2) 일본 국내 법령

1952년 대일강화조약이 발효하기까지 일본은 포츠담 선언 등 연합국의 조치와 연합국 총사령부의 결정을 국내적으로 수용하여 필요한 조치를 취해나가야 했다. 일본 정부는 관할권의 행사 범위와 관련된 국내 법령을 제정하였는데, 1951년 총리부령 제24호와 대장성령 제4호가 그 사례이다. 이 법령에는 독도가 울릉도, 제주도와 함께 자국의 부속도서에서 제외된다는 것을 규정하고 있다. 대장성령 제4호[38]에서는 다음과 같이 규정하고 있다.

> 舊令에 의해 공제조합 등에서 연금을 받는 자를 위한 특별조치법 제4조 제3항 규정에 기초한 부속도서는 아래 열거한 도서 이외의 섬을 말한다.
> ① 치시마 열도, 하보마이 군도 및 시코탄 섬
> ② 울릉도, 독도[竹の島] 및 제주도

총리부령 제24호[39]에는 다음과 같이 규정하고 있다.

---

37) 자세한 내용은 홍성근(2003), 「독도폭격사건의 국제법적 쟁점 분석」, 『독도연구총서 10 : 한국의 독도영유권 연구사』, 독도연구보전협회, 377~417쪽 참고.

38) 「구령(舊令)에 의해 공제조합 등에서 연금을 받는 자를 위한 특별조치법 제4조 제3항 규정에 기초한 부속 도서를 정하는 명령」(1951. 2. 13 대장성령 4호), 최종개정 : 1968년(昭和 43年) 6월 26일 대장성령 제37호.

39) 「조선 총독부 교통국 공제조합이 소유한 일본재산 정리에 관한 정령 시행에 관한 총리부령 24호」(1951. 6. 6).

제2조 정령 제14조의 규정에 근거, 정령 제291호 제2조 제1항 제2호의 규정을 준용하는 경우에는 부속도서로서는 아래 열거한 도서 이외의 도서를 말한다.

① 치시마 열도, 하보마이 군도 및 시코탄 섬

② 오가사와라 제도 및 이오 열도

③ 울릉도, 독도[竹の島] 및 제주도

④ 북위 30도 이남의 남서제도(류큐 열도 제외)

⑤ 다이토 제도, 오키노토리시마, 미나미토리시마 및 나카노토리시마

당시 일본 법령을 보면, 일본을 의미하는 본방(本邦)과 구일본점령지(舊日本占領地)를 구분하고 있다. '일본 점령지역에 본점을 소유한 회사의 본방(일본) 내에 있는 재산의 정리에 관한 정령'(1949년 8월 1일, 정령 제291호) 제2조에 의하면, 본방(本邦)은 '혼슈, 홋카이도, 시코쿠, 규슈 및 주무성의 명령에서 정하는 부속도서'를 의미하고, 구일본점령지는 '만주, 중화민국, 타이완, 조선, 사할린, 류큐 열도, 남양 군도 등 주무성의 명령에서 정하는 기타 도서 및 1894년 이후 일본에 의해 점령 또는 통치된 그 이외의 일체의 지역'을 말한다고 규정하고 있다. 위의 일본 국내 법령을 볼 때, 독도는 1905년 일본의 소위 독도 편입 조치에 의해 점령된 지역이므로, 본방과는 구별되는 구일본점령지역에 속하는 것으로 해석된다. 일본 국내 법령에서 독도를 울릉도, 제주도와 함께 일본의 관할권 행사 범위에서 제외시키고 있는 것도 이러한 연유에서 비롯되는 것으로 보인다. 그리고 독도가 1952년 대일강화조약에서 일본의 영역에서 명시적으로 제외한 울릉도, 제주도와 함께 규정되어 있다. 이는 당시 일본 국내적으로도 독도를 울릉도, 제주도와 같은 지위에서 다루고 있음을 확인할 수 있다.

III. 독도 영토 배제 조치의 법적 성격과 의미

1. 독도 영토 배제 조치의 성격

"어떤 국가가 특정 영토를 취득하였느냐"를 판단할 때에는 일반적으로 두 가지 요소를 고려한다. 첫째, 주관적 요소로서 "문제의 영토에 대해 주권국으로서 영유 의사를 가졌는가" 둘째, 객관적 요소로서 "문제의 영토에 대해 국가권력을 실효적으로 행사했는가"하는 것이다. 이러한 것들을 고려할 때, 일본의 독도 영유권 주장은 과연 타당한가? 이 질문에 대해 일본 스스로가 취한 독도 관련 배제 조치들이 답을 해주고 있다.

독도 영토 배제 조치의 성격은 1667년 『은주시청합기』 이후 1951년 일본 국내 법령에 이르기까지 크게 두 시기로 나누어 고려해 볼 수 있다. 즉 일본이 소위 독도 영토 편입 조치를 취한 1905년 이전과 한반도에서 퇴거한 1945년 이후 시기이다. 이 두 시기의 독도 관련 영토 배제 조치 사례를 통하여 일본의 독도 영유권 주장의 부당성을 지적할 수 있다.

1) 1905년 이전 조치 : 영유 의사의 포기

국가가 이왕에 가지고 있던 영토주권의 행사를 단념하고, 영토주권의 권원(title)을 상실하는 경우라면, 영토의 포기(dereliction 또는 abandonment)라고 할 수 있다.[40] 영토주권을 가지고 있지 않은 경우라면, 아예 영토주권의 권원을 상

40) Alfred-Maurice de Zayas(2000), "Territory, Abandonment," R. Bernhardt ed., *Encyclopedia of Public International Law*, Vol. IV, p. 830.

실하는 일은 없을 것이다. 그런데 영토주권의 권원을 취득하기도 전에 장래에 대하여 특정 영토를 영유할 의사를 자발적으로 단념하는 경우도 있을 것이다. 앞에서 본 바와 같이 일본이 1905년 이전에 울릉도·독도에 대해 취한 조치들이 그러한 경우이다.

일본은 1667년 『은주시청합기』, 1696년 「도해 금지 조치」, 1870년 「조선국교제시말내탐서」, 1877년 「태정관 지시문」 등을 통해서, 울릉도·독도가 자국 영역 밖의 지역으로 인식하고 있거나, 자국과는 상관없는 지역이라는 것을 국가 최고기관의 결정으로 밝히고 있다. 일본 스스로가 독도에 대해 영유할 의사를 명시적으로 부정하고 있는데, 주목할 점은 이들 문서가 지방 관리의 영토 인식이거나 일본 정부의 공적 문서에 의한 의사표시라는 것이다.

대개 국제사례를 보면, 문제가 된 영토에 대해 명시적으로 다른 나라의 영유권을 인정하는 경우도 있지만, 그렇지 않은 경우도 있다. 자국 국경의 한계를 명확히 표시함으로써 영유 의사 또는 영유권의 주장을 간접적으로 포기하는 것이다. 서독과 폴란드가 체결한 1970년 12월 7일 바르샤바 조약 제1조를

〈표 1〉 일본의 독도 영유의사 포기 일람표

년도	자료명	작성자	독도관련 내용	비고
1667년	은주시청합기	일본 지방관리 (사이토 간스케)	일본의 서북쪽 한계는 울릉도, 독도가 아닌 오키섬임	
1695년	돗토리번 회답서	돗토리번	울릉도, 독도는 돗토리번 소속이 아님	도쿠가와 막부의 질의에 답변
1696년	도쿠가와 막부	도쿠가와 막부	울릉도(독도 포함) 도해 금지	1697~1699년간 조선 정부와 도쿠가와 막부간 외교서한 왕복
1870년	조선국교제시말 내탐서	외무성 관리 (사다 하쿠보 등)	울릉도와 독도가 조선 부속임을 확인	1696년 외무성 조사 지시사항에 대한 복명
1877년	태정관 지시문	태정관	울릉도, 독도는 일본과 관계 없음	내무성, 시마네현에 지시

보면,[41] '오데르-나이세 강을 폴란드의 서부 국경'으로 하고, 상대방에 대해 "영유권을 주장하지 않는다"고 규정한 사례를 볼 수 있다. 폴란드의 서쪽 국경을 오데르-나이세 강으로 함으로써 서독이 오데르-나이세 강 동쪽 지역에 대한 영유권 주장을 포기했던 것이다.

국제법상 어떤 국가가 특정 상태를 받아들이는 적극적인 행위를 승인(承認, recognition)이라고 한다. 1905년 이전 일본의 영토 배제 조치는 울릉도(독도 포함)와 관련하여 경쟁 관계에 있던 한국의 권원을 적극적으로 받아들이고 있음을 볼 수 있다. 이와 관련하여 1696년 도해 금지 조치를 주목할 필요가 있다. 도해 금지 조치는 17세기 말 안용복 사건을 계기로 울릉도 영유권을 둘러싸고 조선 측과 대립하였다. 이러한 과정에서 일본이 울릉도(독도 포함) 도해 금지를 결정하고, 이 사실을 한국 측에 통보해 왔다.

일본 측은 울릉도와 독도가 '일본과 관계없는 섬'이라고 했을뿐, '한국의 땅'이라고는 하지 않았다고 주장한다. 하지만 일본의 이러한 결정은 아무런 배경도 없이 어느 날 갑자기 결정된 것이 아니다. 조선과 치열하게 외교적 논

---

41) 바르샤바 조약[Treaty between Poland and Federal Republic of Germany concerning the basis of normalisation of mutual relations of 1970(the Treaty of Warsaw)] 제1조 내용 : ① The People's Republic of Poland and the Federal Republic of Germany unanimously state, that the existing border line, the course of which was established in chapter IX of the resolutions of the Potsdam Conference of 2 August 1945 from the Baltic Sea immediately west of Świnoujście [Germ. text : Swinemuende] and thence along the Odra [Germ. text : Oder] river to the confluence of the Nysa Łużycka [Germ. text : Lausitzer Neisse] river, and along Nysa Łużycka [Germ. text : Lausitzer Neisse] to the border of Tchechoslovakia, constitutes the western state border of the People's Republic of Poland. ② They confirm the inviolability of their existing borders, now and in future, and they mutually obligate themselves for unreserved respect of their territorial integrity. ③ They declare that they have no territorial claims to each other and they also will not lay such claims in future.

쟁을 벌인 끝에 정리된 것이다. 주지하다시피 1696년 이후 일본의 결정은 그 후 1870년 독도를 조선 부속으로 인식한 「조선국교제시말내탐서」와 1877년 울릉도와 독도를 일본과 관계없다고 한 「태정관 지시문」에도 영향을 미쳤다는 것을 각각의 결정 내용을 통해서도 확인할 수 있다.

1696년 이후 일본의 울릉도 도해 금지 조치는 울릉도가 한국의 영토임을 승인하는 법적 효과, 곧 금반언(禁反言, estoppel)의 효과를 창출하였다.[42] 금반언은 피원용국(일본)의 승인에 대해 원용국(한국)의 기대 이익이나 신뢰 이익을 보호하고, 양국 간 상호 관계를 통하여 형성된 법적 안정성을 유지·강화하는 기능을 한다. 일본은 1696년 이후 울릉도 도해 금지와 관련하여 한국에 대한 명확한 의사표시와 그 이후 일부 정부 스스로가 "울릉도와 독도는 일본과 관계없다"는 입장을 분명히 표시하였다. 1882년 이후 일본인들의 울릉도 잠입이 문제가 되었을 때, 한국 정부의 항의로 일본인들이 울릉도에서 퇴거한 일이 있었다.[43] 이것은 일본 측이 그 이전 울릉도(독도 포함)를 둘러싸고 양국 간에 형성된 영역의 안정성을 존중해 주고 있음을 보여주는 좋은 사례이다.

2) 1945년 이후 조치 : 실효적 점유 배제

국가는 국가권력을 가지는데, 국가권력은 일반적으로 주권과 통치권으로 크게 나눈다. 주권은 국가 의사를 전반적, 최종적으로 결정하는 최고 권력을 말하고, 통치권은 현실적으로 국가 조직을 유지하고, 국가 목적을 실현하기 위한 구체적 권력이다.[44] 국내법상 통치권은 그 발동 형태에 따라 입법권, 사

42) M. N. Shaw(1991), *International Law* 3rd ed., Cambridge University Press, p. 298.

43) 송병기(2005), 『고쳐쓴 울릉도와 독도』, 단국대학교출판부, 249~254쪽 ; 池内敏(2001b), 「17~19世紀 鬱陵島海域の生業と交流」, 『歴史學研究』 756, 31~32쪽 참고.

법권, 집행권(혹은 행정권)으로 나누어진다. 국제법에서는 통치권을 국가관할권이라 표시하고, 각각 입법관할권, 사법관할권, 집행관할권이라고 표현한다. 국가가 국가관할권을 가진다는 것은 주권국가의 당연한 속성이다. 영토주권은 국가관할권이라는 형태로 나타난다. 그래서 국가관할권은 영토주권의 한 표현 내지 구체적 발현 형태라고도 한다.

국가가 영토주권을 가지고 있으면서도 조약에 의해 관할권이 제한되는 경우가 있다. 외국 군대의 주둔, 대사관 등 외교공관 보호 등이 그 경우이다. 하지만, 일반적으로는 영토주권을 가지고 있는 국가는 자국의 영토에 대해 관할권을 행사한다.

앞에서 살펴본 1945년 이후 맥아더 라인의 설정, 1946년 연합국 총사령부 훈령 제677호 및 훈령 제1033호, 1951년 일본 국내 법령 등은 일본의 독도에 대한 관할권이 제한 또는 배제되고 있음을 볼 수 있다. 이러한 조치들은 1945년 이후 1952년 대일강화조약의 발효시까지 어느 순간에도 일본이 독도를 점유한 바가 없다는 것을 명시적으로 보여주고 있다. 요컨대 일본은 1905년에서 1945년까지 한반도 점령 시기를 제외하고 독도를 실효적으로 점유한 시기는 존재하지 않는다. 즉 1905년 이전에는 일본이 독도에 대한 영유 의사를 단념한 상태였으므로 독도를 점유했다고 하더라도 이는 정당한 권원에 기초한 실효적 점유라고 볼 수 없다. 또한 1945년 이후에는 일본을 점령·통치한 연합국 총사령부에 의해 독도에 대한 실효적 점유가 배제되었다. 그리고 일본의 배제 조치를 보면, 독도가 홀로 언급되지 않고, 일본이 한국의 영유권을 확실히 인정하고 있는 울릉도, 제주도와 함께 다루어지고 있음을 볼 수 있다.

1945년 이후 독도에 대한 일본 측의 영토 배제 조치는 전후 연합국의 조치

44) 권영성(1994), 『헌법학 원론』, 법문사, 130~135쪽 참고.

〈표 2〉 일본의 독도 실효적 점유 제외 일람표

년도	자료명	작성자	독도관련 내용	비고
1945년 이후	맥아더 라인	연합국 총사령부	독도를 울릉도, 제주도와 함께 일본의 조업 한계선 밖에 위치	1952년까지 유효
1946년	연합국총사령부 훈령 제677호	연합국 총사령부	독도를 울릉도, 제주도와 함께 일본의 통치 · 행정권 행사 대상에서 제외	1952년까지 유효
1951년	일본 총리부령 제24호 대장성령 제4호	총리부, 대장성	독도를 울릉도, 제주도와 함께 관련 법상 일본의 부속도서에서 제외	1952년 이후까지 유효

즉, 1943년 카이로 선언, 1945년 포츠담 선언 등 국제적 선언의 구체적 실현으로서 일본의 독도에 대한 실효적 지배의 배제 또는 독도에서 일본 세력의 퇴거인 것이다.

2. 1905년 일본의 소위 독도 영토 편입 조치의 성격

일본의 독도 영유권 주장에 있어서 1905년 일본의 소위 독도 영토 편입 조치는 중요한 의미를 지닌다. 그런데 일본의 독도 영토 배제 조치는 1905년 조치의 본질이 무엇인지를 밝혀주고 있다.

1952년 이후 독도 문제가 한일 양국 정부 간 외교 문제로 비화되자, 일본은 1905년의 조치를 무주지 선점에 의한 영토 취득으로 보았다. 즉 일본은 1905년 1월 28일 내각 결정을 통해 독도를 자국의 영토로 편입하는 조치를 취하는데, 그 논거는 독도가 "타국이 점유했다고 인정할 형적이 없는" 무주지로서, 일본인에 의해 "국제법상 점령한 사실이 있는 것이라고 인정하여" 독도를 자국의 영토로 한다는 것이다.[45)]

일본은 1953년 7월 13일자 일본 정부 견해에서 1905년 내각 결정의 논거대로 국제법상 영토 취득의 필요 요건으로 '영토 취득 의사'와 '실효적 지배의 행사'를 열거하면서 무주지 선점론을 주장했다.[46] 그러나 1954년 2월 10일자 외교문서부터는 선점론과 고유영토설을 병행 주장한다. 즉 한편에서 일본은 무주지 선점론의 요건으로서 현대 국제법상 영토 취득의 요건이라고 하면서, ① 영토 취득에 대한 국가의 의사, ② 영토 취득 의사의 공적(公的) 공표(公表), ③ 영유를 완성하기 위한 적절한 영토 지배권 수립 등을 제시하고 있다.[47] 이러한 국제법적 근거로 독도에 대한 선점의 모든 요건을 충족시켰다고 주장한다.

그런데 이와는 다른 한편에서는 기존에 주장했던 선점론과 이론적으로 배치되는 고유영토설을 주장하고 있다. 즉 "옛날부터 독도는 일본인들에게 알려져 있었으며 일본 영토의 일부로 생각되었고 일본인들에 의해 이용되어…… 옛날부터 일본 영토의 일부를 이루고 있었다"는 것이다.[48]

그런데 1962년 7월 13일자 일본의 외교문서에서 일본 정부는 선점론 주장을 거론하지 않고, 다만 "독도가 옛날부터 일본의 고유영토였다"라며 당초의

45) 明治 38年 1月 28日 閣議決定.

46) 1952년 7월 13일자 일본측 구술서(No. 186/A2)[외무부(1997), 앞의 책, 17쪽]. 원문은, "In order that a nation may establish its territorial right over any extension of land, it is required, according to the accepted idea of modern international law, to have an intention of making the land a part of its territory, and to exercise an effective administration thereupon."

47) 1954년 2월 10일자 일본측 구술서[외무부(1997), 앞의 책, 55쪽]. 원문은, "With regard to the requirements for acquisition of territory under modern international law, it should be mentioned that the intention of the State to acquire the territory was confirmed as a result of the decision made at a Cabinet meeting on January 28, 1905, for the adding of Takeshima to the territory of Japan and that on February 22, 1905, a public announcement of the intention of the State to acquire the territory was made by a notification issued by Shimane Prefectural Government."

48) 1954년 2월 10일자 일본측 구술서[외무부(1977), 앞의 책, 54~55쪽].

무주지 선점론이 아니라, 고유영토설에 근거한 주장만 하고 있다.[49] 일본은 무주지 선점론과 고유영토설이 상호 모순된다는 것을 인지하게 되자, 1905년 소위 독도 영토 편입 조치가 영유 의사를 재확인한 것에 불과하다고 했다.

그런데 일본은 1905년 이전에 독도에 대한 영유 의사를 표시한 바가 없다. 1905년 이전에 취해진 독도와 관련된 조치 즉, 1667년 『은주시청합기』상의 독도 인식, 1696년 도쿠가와 막부의 「도해 금지 조치」, 1870년 「조선국교제시말내탐서」와 1877년 「태정관 지시문」 등은 계속해서 독도에 대한 일본의 영유 의사를 단념하고, 일본령에서 독도를 제외시키고 있다. 따라서 1905년 일본의 소위 독도 영토 편입 조치가 독도에 대한 영유 의사를 재확인하는 조치라는 일본의 주장에는 근거가 없다.

요약하자면, 1905년 일본의 소위 영토 편입 조치는 영유 의사 재확인이 아니라 영유 의사를 표시한 것이라고 해석할 수밖에 없다. 일본 정부는 현재 외무성 홈페이지를 통하여 독도가 자국의 고유한 영토라고 주장하고 있다.[50] 어쩌면 일본은 다시 무주지 선점론에 근거한 주장으로 입장을 변경하지 않으면 안될 것이다. 일본이 독도에 대한 영토적 권원에 관한 입장을 계속 바꿀 수밖에 없다는 것은 그만큼 일본의 주장이 정당하지 못하다는 것을 반증해 주고 있다.

---

49) 1962년 7월 13일자 일본측 구술서(No. 228/ASN)[외무부(1977), 앞의 책, 250쪽].
50) 일본 외무성 홈페이지 독도관련 사이트(http : //www.mofa.go.jp/mofaj/area/takeshima/index.html) 참고.

3. 일본의 독도 점유의 본질

일본의 독도 영유권 주장에 있어서 또 하나 비판적으로 보아야 할 것이 있다. "일본이 독도에 대한 자국의 정당한 영토적 권원에 따라 독도를 실효적으로 지배한 적이 있는가"하는 것이다. 일본은 17세기 초반 이후 독도를 울릉도 항행(航行)의 중간 정박지나 어채지로 이용하면서 실효적으로 경영했다고 주장한다. 그러나 19세기 이전까지 독도에 대한 일본의 실질적 점유는 '울릉도 외 1도(독도)가 일본과 관계없다'고 한 1877년 「태정관 지시문」에 의해 정당한 영토적 권원에 의한 실효적 점유라는 것이 부정된다.

그리고 1945년 이후에는 맥아더 라인이나 1946년 연합국 총사령부 훈령 제677호 등 연합국 총사령부의 명령에 의해 독도에 대한 일본의 관할권 행사가 제한되었다. 일본이 독도를 실질적으로 점유하는 것은 불가능하였다. 일본이 독도를 실질적으로 점유했다고 한다면, 1905년 소위 일본의 독도 영토 편입 이후 나카이 요사부로[中井養三郎] 등 일본 어민이 강치잡이를 시작했다고 주장하는 시기이다. 이 시기는 이미 1904년 2월 한일의정서 등에 의한 일본의 한반도 점령으로부터 1945년 일본 세력이 한반도로부터 퇴거한 시기까지이다. 주지하다시피 이 기간은 일본의 한반도 강점기이다.

요컨대 일본의 독도점유는 러일전쟁이라는 한반도 침탈 전쟁 중에 은밀하게 내린 독도 영토 편입 조치와 한반도 식민지배라는 강압적인 식민지배기에 이루어진 조치에 불과하다. 따라서 일본이 정당한 영토적 권원에 기초하여 계속적, 평화적으로 관할권을 행사한 시기는 결코 존재하지 않다는 것이다.

IV. 맺음말

국제재판소는 도서 영유권 분쟁과 관련하여 다음 두 가지 사항을 중요하게 고려하고 있다. "문제의 영토에 대해 주권국으로서 영유하려는 의사와 의지를 가지고 있었는가"(주관적 요소), "문제의 영토에 대해 국가기능을 실질적으로 행사했는가"(객관적 요소) 하는 것이다. 그렇다면 일본은 과연 "어느 시기에 독도에 대한 영유 의사를 가졌으며, 어느 시기에 독도를 실효적으로 점유했는가?"

앞에서 검토한 바와 같이 1877년 「태정관 지시문」을 비롯하여 그 이전 문서는 "일본이 1905년 이전에는 독도를 영유할 의사와 의지가 없었다"는 것을 분명히 확인해 주고 있다. 그리고 1945년 이후 맥아더 라인과 연합국 총사령부 훈령 제677호, 1951년 일본 국내 법령 등은 1945년 이후 일본이 독도를 실질적으로 점유한 바가 전무(全無)하다는 것을 확인해 주고 있다. 따라서 일본이 독도에 대해 영유 의사를 갖고 독도를 실질적으로 점유했다고 한다면, 1905년 소위 독도 영토 편입 조치와 그 이후 1945년에 이르는 일본의 한국 강점기의 행위에 불과하다.

그런데 1905년 일본의 소위 독도 영토 편입 조치는 평화로운 영토 권원의 취득이 아니며, 그 이후 일제 강점기에 이루어진 일본의 독도에 대한 점유 행위는 평화로운 점유라고 할 수 없다. 그렇다면, 1945년 이후 연합국 총사령부 등 일본의 독도 영토 배제 조치는 일본의 행정권이 미치는 범위를 제한한 것에 불과하다는 일본의 주장은 타당하지 않다. 왜냐하면, 그 이전 어떠한 시기에도 일본은 정당한 영토 권원에 입각하여 독도에 대한 관할권을 계속적, 평화적으로 행사한 바가 없기 때문이다. 이러한 연유로 일본의 독도 영유권 주장이 1904년 러일전쟁 이후 "제국주의 침략 전쟁에 의한 점령지의 권리, 나아

가 과거 식민지 영토권의 주장"이라고 비판을 받고 있는 것이다.[51)]

---

51) 한일관계에 관한 대통령 담화(2006. 4. 25), "지금 일본이 독도에 대한 권리를 주장하는 것은 제국주의 침략 전쟁에 의한 점령지 권리, 나아가서는 과거 식민지 영토권을 주장하는 것이다. 이것은 한국의 완전한 해방과 독립을 부정하는 행위이다."

• 참고문헌

권영성(1994), 『헌법학 원론』, 법문사.

권오엽(2007), 「隱州視聽合紀와 獨島」, 『동북아역사논총』 18호.

김병렬·內藤正中(2006), 『한일전문가가 본 독도』, 다다미디어.

송병기(2005), 『고쳐쓴 울릉도와 독도』, 단국대학교출판부.

신용하(1996), 『독도의 민족영토사 연구』, 지식산업사.

신용하 편저(1999), 『독도연구총서 6 : 독도영유권 자료의 탐구』, 독도연구보전협회.

정인섭(1997), 「일본의 독도 영유권 주장의 논리구조 : 국제법적 측면을 중심으로」, 『독도연구총서 1 : 독도영유의 역사와 국제관계』, 독도연구보전협회.

홍성근(2003), 「독도폭격사건의 국제법적 쟁점 분석」, 『독도연구총서 10 : 한국의 독도영유권 연구사』, 독도연구보전협회.

大西俊輝 저, 권오엽·권정 역(2004), 『독도』, 제이앤씨.

大西俊輝(2007), 『(續)日本海と竹島 : 日韓領土問題の根本資料「隱州視聽合紀」を讀む』, 東洋出版.

山邊健太郎 저, 유달영·유영식 역(2005), 『일제의 조선 침략사 1876~1910년』, 보문서원.

池內敏(2001a), 「前近代竹島の歷史學的硏究序說」, 『靑丘學叢論集』 25.

池內敏(2001b), 「17~19世紀 鬱陵島海域の生業と交流」, 『歷史學硏究』 756.

池內敏 저, 정영미 역(2005), 『독도논문번역선』 I~II, 바른역사정립기획단.

池內敏(2006), 「隱州視聽合記(紀)の解釋をめぐって」, 『大君外交と武威』, 名古屋大學出版會.

地圖資料編纂會(1999), 『明治初期 內務省地理局作成地圖集成』 第2卷(日本圖, 地方圖 編), 柏書房.

川上健三(1966), 『竹島の歷史地理學的硏究』, 古今書院.

Shaw, M. N.(1991), *International Law* 3rd ed., Cambridge University. Press.

일본 외무성 홈페이지 독도관련 사이트 http : //www.mofa.go.jp/mofaj/area/takeshima/index.html.

일본의 독도 영유권 주장의 한계

일본 의회 속기록을 중심으로 1951~1953년

동북아역사재단 **곽진오**

일본의 독도 영유권 주장의 한계

일본 의회 속기록을 중심으로 1951~1953년

동북아역사재단 **곽진오**

I. 머리말

한일 관계는 역사적으로 볼때 시대를 불구하고 항상 다툼의 여지가 존재했다. 고대에서 현대에 이르기까지 양국의 과거사는 애증(love-hate)의 관계였다. 임진왜란과 일제식민시대 문제는 오늘날에도 여전히 한일관계의 현안이 되기도 하며 독도(獨島, 竹島)[1] 영유권을 둘러싼 양국 간의 현저한 입장 차이는 양국 발전을 저해하는 요인이기도 하다. 한일 양국은 독도에 대하여 역사적으로나 국제법적으로 자국의 영토라고 주장한다. 양국이 독도를 역사적으로 자국 영토라고 주장하는 것은 옛날부터 독도의 존재를 알고 있었다는 것이다. 그래서 양국은 이러한 주장을 증명하기 위해 자국에 유리한 고문서나 고지도를 인용

* 이 글은 한국일본학회(2009. 11), 『일본학보』 81호에 게재되었음.

1) 한국에서는 독도라고 부르지만 일본에서는 독도를 죽도(竹島, 다케시마)라고 부른다. 그러나 이 글에서는 독도와 죽도를 분리 또는 혼용해서 사용하지 않고 독도라고 부른다. 단 일본 의회 속기록을 인용 할 경우에는 독도(죽도)를 혼용해서 표기하기로 한다.

하기도 한다.[2)]

태평양전쟁이 끝나고 일본의 식민지배에서 벗어난 한국은 1952년 1월에 공포한 '해양주권에 관한 대통령선언'을 통해 독도에 대한 한국의 영유권과 실효적 점유를 확인한다. 이처럼 한국이 독도에 대해 실효적 점유를 할 수 있었던 데에는 당시 효력이 지속되던 맥아더 라인(SCAPIN 제1033호)을 계승하여 평화선을 설정할 수 있었기 때문이다. 이로 인해 한국은 평화선 내의 모든 도서와 해역에 대해 대한민국 영토임을 선언할 수 있는 근거를 마련하게 된다. 그러나 1952년 발효된 샌프란시스코 강화조약[3)]에서 일본은 로비활동을 통해 독도가 자국 영토임을 주장하며 자국의 권원에 포함시키려 노력한다.[4)] 하지만 연합국 측은 미국을 중심으로 영국이 제출한 비망록의 영토 조항에 대해 동의하면서 일본 측의 주장을 수용하지 않는다. 결국 독도는 주인 없는 땅이 되고 이는 1943년 카이로 선언의 정신에 입각해서 울릉도와 그 부속도서에 속함으로써 한국 영토가 된다.[5)]

---

2) 먼저 한국의 주장은, 1145년에 기록된 『三國史記』 512년(지증왕 13년)에 우산국이 신라에 복종했다는 내용과 1770년에 기록된 『東國文獻備考』의 "울릉과 우산은 모두 우산국의 땅이며, 우산국은 왜의 소위 마쓰시마[松島]이다"의 내용을 주요 예로 들고 있다. 반면 일본이 주장하는 내용으로는, "17세기 요나고[米子]의 상인 오야가[大谷家]와 무라카와가[村川家]가 울릉도에 도항하고 있었던 사실에서 기인 한다"와 1667년 마쓰에번[松江藩]의 사이토 간스케[齋藤勘介]가 지은 『은주시청합기(隱州視聽合紀)』의 오키국[隱岐國] 서북에 송도, 죽도가 있다는 내용과 "오키국에는 포함되지 않고 같은 책의 부속지도도 「도젠[島前]」 과 「도고[島後]」뿐이고 송도 죽도는 제외되었다"를 주요 예로 들고 있다.

3) 샌프란시스코 강화조약(Treaty of San Francisco) 또는 미일평화조약을 이 글에서는 샌프란시스코 강화조약 또는 강화조약으로 부른다. 단 인용문에 한해서는 평화조약이라고 표기한다. 이 조약은 1951년 9월 8일 미국의 샌프란시스코에서 조인되고, 1952년 4월 28일 발효되었다.

4) 日本國會議事錄 外務法務委員會連合審議會 1號(1953).

5) 카이로선언은 연합국이 제2차 세계대전 후 일본의 영토 기본방침을 처음으로 공식성명

연구 방법으로는 먼저 일본의 근대 초기 영토 개념을 설명한 다음 일본 의회에서의 독도 영유권 주장 속기록을 분석하려 한다. 그리고 의회 질의 과정에서 벌어지는 일본 영토 처리를 위한 '연합국 총사령부 훈령 제677호'를 일본 의회가 어떻게 해석하는지를 알아보았다. 둘째로 연합국이 샌프란시스코 강화조약에서 일본 영토 문제를 처리했는데, 연합국 총사령부 훈령 제677호를 둘러싼 일본 의회의 독도에 대한 인식과 정부의 대응 순으로 분석했다. 이보다 앞선 연구는 현 상태에서 일본 의회 속기록을 분석한 논문이 존재하지 않기에 생략하기로 했다. 마지막으로 본 연구는 성과로서는 한일 양국에서 큰 차이를 보이고 있는 독도 영유권에 대해 일본 정부의 주장이 매우 제한적이라는 사실을, 과거 일본 의회 독도 관련 속기록을 통해서 분석하고 동시에 속기록의 성격을 이해하는 데 일조하리라고 생각한다.

한 것이다. 주요 내용은 ① 미·중·영 3국은 "일본에 대한 장래의 군사행동을 협정하였다." ② 3국은 "야만적인 적국에는 가차 없는 압력을 가할 결의를 포명하였다." ③ "일본의 침략을 저지, 응징하나 3국 모두 영토 확장의 의도는 없다." ④ "제1차 세계대전 후 일본이 탈취한 태평양 제도(諸島)를 박탈하고, 또한 만주·타이완[臺灣]·팽호제도(澎湖諸島) 등을 중국에 반환하고 일본이 약취한 모든 지역에서 일본세력을 구축(驅逐)한다." 이밖에 특히 한국에 대해서는 특별조항을 넣어 "현재 한국민이 노예상태 아래 놓여 있음을 유의하여 앞으로 한국을 자유 독립국가로 할 결의를 가진다"라고 명시하여 처음으로 한국의 독립이 국제적으로 보장받았다. 선언은 이상의 목적으로 3국은 일본의 무조건항복을 촉진하기 위해 계속 싸울 것을 천명하였는데, 1945년 포츠담 선언에서 조항이 재확인되었다.

II. 근대 초기 일본의 영토 개념

1868년 메이지유신 이후 일본의 개혁 목표는 어떻게 하면 근대 일본이 서양의 제국주의로부터 식민지가 되지 않고 독립국가로서 근대화에 성공할 수 있는가 하는 것이었다. 이를 위해 메이지 정부는 권력을 한 군데로 모으기 위해 메이지 정부 탄생 이듬해인 1869년에 토지와 인민에 대한 지배권을 천황[6]에게 반환하도록 하는 판적봉환(版籍奉還)을 실시하였다. 이후 1871년에는 폐번치현(廢藩置縣)을 통해 천황의 측근들로 하여금 지방을 통치하게 하고, 사민평등(四民平等)은 기존의 사무라이 중심의 군사력을 평민에게까지 개방함으로써 군사력의 양적 팽창을 추진했다. 1873년 1월 만 20세의 남자를 징집하는 징병령(徵兵令)을 공포하여 구미열강을 모방하는 국민군대를 창설하였다.[7] 처음에는 군사적으로 무사계급을 견제하기 위해 징병제를 도입하였지만 이후에는 이 제도가 국력의 기초가 되었다. 메이지유신은 일본을 근대적 통일국가로 만들었으며 경제적으로는 자본주의가 성립되었고 정치적으로는 입헌정치가 개시되었으며 사회·문화적으로는 근대화가 추진되었다. 또한 국제적으로는 제국주의 국가로서 천황제적 절대주의를 국가구조 전 분야에 실현시키게 되었다. 그러나 영토 획정은 아직 완성단계가 아니었기에 일본이 근대국가를 완성하기 위해서는 조선과 청나라와 국교를 수립하고, 남쪽으로는 오키나와, 북쪽으로는 러시아와 영토를 획정하는 것이 중요한 조건이었다. 특히 사할린[樺太]은 메이지 시작 이래로 일본인과 러시아인들이 공동으로 거주하는 곳으로 소

6) 한국에서는 日王, 북한에서는 倭王, 영어로는 the Emperor of Japan, 일본에서는 천황(天皇, 텐노)으로 부른다. 이 글에서는 천황으로 한다.

7) 메이지 초기 서양군대를 모방해 만든 일본의 국민군대는 이후 천황의 군대[皇軍]로 변모해 간다.

속이 불명확한 지역이었다. 그래서 메이지 정부는 사할린을 양국 사람들이 거주한다 해서 잡거지(雜居地)라고 불렀다.

메이지 정부는 사할린을 일본 영토로 편입시키기 위해 사할린개척사[樺太開拓使]를 설치하는 등 적극적인 영토 확장 정책을 폈다. 이에 대해 미국과 영국은 우려를 표시하면서, 이로 인해 러일전쟁이 일어난다면 일본이 홋카이도까지 러시아에 넘겨줘야 할지도 모른다고 일본에 경고했다. 한편 조선과 오키나와[沖繩] 문제가 장차 일본의 주요 외교 문제로 대두될 것을 염려한 메이지 정부는 러시아와 충돌을 피하기 위해 1875년 러시아와 사할린·치시마[千島, 쿠릴] 교환조약(交換條約)을 맺는다.[8)] 이에 대해 일본 국내여론의 반대도 있었지만 새로 출발한지 몇 해 되지 않은 메이지 정부는 서구열강과의 대립을 피하면서 조선에 관심을 갖기 시작했다.[9)] 메이지유신 당시 일본의 영토 안보에 대한 개념은 오늘날 개별적자위권(個別的自衛權), 집단적자위권(集團的自衛權)과 유사한 주권선(主權線)과 이익선(利益線)으로 표현했다. 야마가타 아리토모[山縣有朋]의 주권선(조선)과 이익선(만주)론은 일본과 가깝게 위치한 조선의 중립이 일본의 독립에 불가결하다고 판단해서 나온 것이다. 그래서 일본은 1895년 청일전쟁 이후 조선의 국호를 대조선국(大朝鮮國)으로 부르다가 1897년 10월 12일부터는 대한제국으로 불렀다. 일본의 영토안보정책의 일환으로 청일전쟁 이후 조선을 대한제국으로 바꾸고 고종을 황제로 즉위하도록 하여 청나라와 대등한 제국으로 거듭나도록 했던 것이다.

---

8) 조약 내용은 일본이 화태도를 러시아에 양보하고 그 대신에 치시마 열도를 일본 영토로 한다는 내용이다.

9) 근대국가 일본의 영토 획정은 1876년 오가사와라제도[小笠原諸島]를 일본에 귀속시키고 미국을 중심으로 한 서구열강에 승인을 받았다. 이후 1879년 오키나와[沖繩]가 일본에 편입되면서 일본은 아시아 주변국들과 영토문제를 획정 짓는다(琉球處分).

III. 전후 일본의 독도 영유권 주장

위에서도 언급한 바와 같이 전후 샌프란시스코 강화조약 당시 일본은 미국에게 독도가 일본 영토라고 주장하였으나 영국, 호주, 뉴질랜드의 반대로 무산되었다. 연합국은 이 조약에서는 "제주도, 거문도, 울릉도를 일본 영토에서 제외한다"는 카이로 선언에 준하는 입장만 취하고 한일 간 독도 문제에 관여하는 것을 회피했다. 그리고 그간 독도를 한국 영토로 인정하고 있던 맥아더 라인은 샌프란시스코 강화조약이 발효됨으로써 더 이상 효력을 발휘할 수 없게 되었다.[10] 이에 대해 한국 정부가 샌프란시스코 강화조약의 발효를 3개월가량 앞둔 1952년 1월 '평화선'[11]을 선언하자, 일본은 '독도가 자국의 영토'인데 이를 평화선에 포함시켰다고 한국 정부에 항의한다. 한국은 일본의 항의에 대해 일본의 독도 영유권 주장과 일본 어선의 평화선 침범을 철저히 단속하고 강경하게 대응하겠다고 일본에 경고했다. 그리고 이승만 정부는 이를 실행에 옮겨 1952년 4월에만도 일본 어선 27척을 나포했으며 억류한 선원 숫자도 330명에 이르렀다. 이후 연합국 총사령부(SCAP)의 요청으로 억류 어선과 어부 모두가 석방되었지만 일본 어민이 체포될 위험성은 항상 존재했다. 그러나 그 이면에는 당시 한일예비회담에 즈음하여 일본 정부의 한국에 대한 청구권을 둘러싸고 한일 양국이 대립하고 있었다. 일본은 본회담 교섭에 유리한 위치를

10) 1952년 4월 샌프란시스코 강화조약이 발효되기까지는 일본 어선을 연합국 총사령부 훈령(SCAPIN 제677호 · 제1033호)에 의해 독도에서 조업을 하거나 접근하는 것조차 금지되었다.

11) 1952년 1월 18일 이승만 정부는 '대한민국 인접해양의 주권에 대한 대통령의 선언'을 발표했다. 맥아더 라인보다 좀 더 일본 쪽에 접근한 수역에 '평화선(일본에서는 이것을 Rhee-Line이라 불렀음)'을 설정하고 국방과 어업자원의 보호이유를 들어 대한민국의 영해로 선언했다.

점유하기 위해 1월 28일 구상서(口上書)를 보내 한국 정부에 항의하였고 동시에 일본 여론도 평화 선언에 대해 대부분 부정적이었다.[12] 그러나 무엇보다도 일본 정부가 평화선에 대해 부정적으로 반응했던 주된 이유는 평화선 내에 독도가 포함되었기 때문이었다. 이후 일본 정부는 1년에 최소한 한번 이상 구상서를 통해 한국 정부에 독도에 대한 영유권을 주장했다. 이에 대해 한국 정부는 일본의 구상서를 인정하지 않는다는 태도를 분명히 해 오고 있다. 전후 독도 영유권에 대한 한·일 간의 인식을 가지무라[梶村秀樹]는 "일본 국민들 사이에 독도가 일본의 고유 영토라는 통념이 정착된 것은 1945년 이후일 것"이라고 지적하고 있다.[13]

1. 일본 의회의 독도 논의 시작과 경위

일본 의회가 본격적으로 독도 문제를 거론하기 시작한 시기는 1953년 3월 5일 참의원(參議院) 외무·법무위원회 연합심의회에서부터이다. 당시 의제는 독도의 영유권에 관한 안건이었는데, 일본 의회는 독도에 대해서 샌프란시스코 강화조약에 의해 일본의 영토임이 명백하다고 주장했다. 이는 같은 해 1953년 2월 28일 『마이니치신문[每日新聞]』에 보도된 "한국 국방부가 독도에 대한 영유권 소유를 미국이 인정했다"고 발표한 내용에 대한 반박에서 기인한 것이었다.[14] 그리고 참의원 외무·법무위원회 연합심의회에서는 『마이니치신

12) 당시 일본의 공안국장인 이마다[今田淸二]는 "연안국이 인접공해의 어업을 독점한다는 것은 세계적 추세에 역행한다"고 한국 측을 비난했다(『朝日新聞』 1952. 3. 9).

13) 梶村秀樹(1978), 「竹島=獨島問題と日本國家(付·資料)」, 『朝鮮研究』 1978年 9月號.

14) 『每日新聞』(1953. 2. 28).

문』 보도에 대해 부당한 발표라고 유감을 표시한다.[15] 이후 외무·법무위원회는 참의원 특별법무위원회와 연합하여, 독도 문제에 대해 본격적으로 의회 안건으로 상정하게 된다. 이처럼 일본 정부가 독도 문제에 대해 국회에서 언급하게 된 배경에는 독도가 일본 영토라는 성급한 해석을 내리고 있었기 때문이 아닌가 한다.[16] 당시 다테 겐이치로[伊達源一郎] 의원이 의회에서 니시무라[西村] 조약국장에게 질의한 내용을 보면 일본의 독도에 대한 영유권 주장은 더욱 명확해지는데, 다테 의원은 의회 차원에서의 독도 소유권에 대한 답변보다는 행정부 차원에서의 명확한 답변을 요구한다. 이하 내용은 다테 의원이 행정담당차관에게 한 독도 소유권 관련 질의 내용이다. "다테 겐이치로 외무성 정무차관께 질문 드리겠습니다. 이 죽도(독도) 문제는 평화 회담 때, 이미 일본의 영토라는 점이 확실하게 결정되어 있을 터입니다. 제가 그 당시 니시무라 조약국장께 여쭤봤습니다만, 그것은 이미 확실하게 결정되어 있기 때문에 문제가 없을 거라고 답변 하셨는데, 지난달 28일 신문에, 한국 측이 죽도(독도)가 한국의 영토라는 성명을 내고 미국이 이를 승인했다는 기사가 났습니다. 이에 대한 진상과, 이 문제에 대한 외무성의 견해를 정무차관께서 설명해 주시길 부탁드립니다."[17] 답변에 나선 정무위원 나카무라 고하치[中村幸八]는 2월 27일에 한국의 국방부가 죽도(독도)의 한국 영유에 대해 미국의 확인을 얻었다는 성명을 발표했다는 일본 언론의 보도에 대해서 일본 외무성은 전해들은 바가 없다고 하고 있다. 그러면서 "죽도(독도)는 오래 전부터, 일본의 영유라는 점에 대해 누구

15) 日本國會議事錄 外務法務委員會連合審議會 1號(1953. 3. 5).

16) 당시 일본 의회속기록에 다테 겐이치로[伊達源一郎] 의원이 외무성 정무차관에게 하는 질의를 보면 "죽도(독도) 문제는 평화 회담 때 이미 일본의 영토라는 점이 확실하게 결정되어 있을 터입니다"고 질의를 시작한다. 日本國會議事錄 外務法務委員會連合審議會 1號(1953. 3. 5).

17) 日本國會議事錄 外務法務委員會連合審議會 1號(1953. 3. 5).

도 의심하지 않는 곳이었으며, 지금도 일본의 영유라는 확신을 가지고 있습니다"[18]는 표현으로 대신하며 독도가 일본 영토라는 명확한 표현은 하지 않는다. 그리고는 한국 국방부의 독도 영유권 주장 발표에 대해 종래 한국 정부와 일본 정부 사이에서 여러 가지로 죽도(독도)의 귀속 문제에 대한 교섭이 있었다는 경위에 대한 설명으로 답변을 하게 된다. 그 답변 내용은, "죽도(독도)의 귀속이 문제가 된 것은, 이승만 대통령이 해양주권선언을 한 1952년 1월 18일 이후의 일이며, 이승만 대통령의 이 선언은 한국의 어족 보호구역을 확정함에 있어, 죽도(독도)를 그 범위에 포함, 즉 이승만 라인 안에 일방적으로 집어넣어 버린 것입니다"라고 주장한다.[19]

그렇다면 일본 정부는 왜 주변국가인 일본과 상의 없이 한국 정부가 일방적으로 선언한 평화선에 대해 강력하게 항의하거나 국제기구에 호소하지 않고 소극적으로 임해야 했던가? 여기에는 당시 양국 정부의 독도 영유권 주장에 대한 확신의 차이에서 발생한 일이 아닌가 한다. 그 이유는 이하 두 가지로 분석해 볼 수 있는데, 첫째, 일본 정부는 이승만 대통령의 해양주권선언에 대해, 1952년 1월 28일자로 한국대표부 앞으로 구상서를 통해 항의했으며, 둘째, 일본 정부는 일본 영토임이 당연한 죽도(독도)에 관한 한국의 이러한 참칭(僭稱)과 요구를 절대로 인정하지 않는다는 점만을 강조하는 선에서 그치고 있다.[20] 이에 대해 한국 정부는 1952년 12월 12일에 구상서로 반박했는데, 당시 한국의 구상서에 따르면, 독도는 1946년 1월 19일자 연합국 총사령부 훈령(SCAPIN) 제677호에 따르면 연합국 총사령부(SCAP)가 독도를 일본 영유로부터 명백히 배제했다는 점, 더 나아가 독도가 맥아더 라인의 한국 편에 놓여 있

18) 日本國會議事錄 外務法務委員會連合審議會 1號(1953. 3. 5).
19) 日本國會議事錄 外務法務委員會連合審議會 1號(1953. 3. 5).
20) 日本國會議事錄 外務法務委員會連合審議會 1號(1953. 3. 5).

다는 것 등 이 두 가지 사실이 독도에 대한 한국 측의 입장을 확인시켜 주는 것으로써 일본의 다른 의견에 대해서는 논의할 여지도 없다는 것을 일본 정부에 상기시키고 싶다는 내용을 보낸다. 그러나 일본 정부는 때마침 한일회담이 진행 중이었다는 이유를 들어 한국 측의 독도 영유권 주장에 이렇다 할 대응을 취하지 못하다가 1953년 4월 25일에 이르러 이하의 내용들을 주일한국대표부에 구상서를 보낸다.

당시 일본의 독도 영유권 주장에 대한 구상서는 다음과 같다. "제1. 죽도(독도)는 현재 시마네현 오치군 고카무라[島根縣 穩地郡 五箇村]의 일부이다. 제2. 연합국 총사령부 훈령(SCAPIN) 제677호는 일본 정부가 독도에 대해 통치상, 행정상의 권한 행사 혹은 행사 기도를 정지한 것일 뿐, 죽도(독도)를 일본 정부의 영역에서 배제한 것은 아니다. 실제로 그 각서 자체에 일본의 정의(the definition of Japan)가 포츠담 선언의 제8항에 서술된 모든 소도(小島)의 최종적인 결정에 관한 연합국의 정책으로 해석해서는 안 된다는 점이 명기되어 있다. 제3. 맥아더 라인을 규정한 각서에도, 맥아더 라인은 국가통치권, 국제적 환경 또한 어업권의 최종적 결정에 관한 연합국의 정책을 표명하는 것이 아니라는 점이 명기되어 있기 때문에, 죽도(독도)가 맥아더 라인의 한국 편에 놓여 있다는 것을 논거로 제시한 한국 측의 주장은 근거가 되지 않는다. 또 한편으로 맥아더 라인은 이미 철폐되었으므로, 이런 논의에는 전혀 언급할 필요가 없다. 제4. 일본 정부의 조사에 따르면, 죽도(독도)가 수세기 동안 한국의 영유였던 사실은 없다."[21] 이러한 주장을 근거로 일본 정부는 독도에 대한 영유권을 주장했으며 동시에 일본의 구상서에 대해서 한국 정부가 아무런 정식 의사 표시를 해오지 않았다는 이유를 들어 독도에 대한 논의를 의회에서 본격화하기에 이른

21) 日本國會議事錄 外務法務委員會連合審議會 1號(1953. 3. 5).

다. 그러나 당시 한국 국방부가 독도의 영유에 대해 미국의 확인을 얻었다는 취지의 성명을 발표(1953. 2. 27)했던 이유는 독도의 귀속과 관련하여, 독도가 한국 영토의 일부라는 점에 대해 한국 정부와 연합국 사령관과의 의견이 일치했으며, 웨이랜드[22] 미 극동군사령관으로부터 이러한 취지의 정식 통지를 받았고, 동시에 미 공군에 의한 폭격 훈련이 중단될 것이라는 내용이 있었기 때문이다. 그러나 일본 의회는 과연 미국 측이 그와 같은 내용을 한국 정부에 통지했는지는 확실하지 않다는 주장과 추측만을 통해 어떤 방법으론가 미군의 폭격 훈련 중지 조치를 알게 된 한국 측이, 일방적으로 그것을 왜곡해서 자신들에게 유리한 선전 재료로 사용하고 있는 것이 아닌가하고 한국 측을 의심하게 된다. 일본이 이처럼 한국의 주장에 의심을 하게 된 주요 이유는 다음 두 가지로 분석할 수 있다. 첫째, 독도 문제는 미일 행정협정에 근거한 합동위원회의 논의를 거쳐 1952년 7월 26일, 해상 훈련장으로 시설구역 리스트에 올라 있었으며, 미군이 이곳을 훈련장 리스트에서 삭제하고자 하면, 당연히 합동위원회의 논의를 거치지 않으면 안 되었다. 둘째, 당시 미군은 독도 부근에 대한 폭격 훈련 중지 사실을 일본 정부에 통보했지만 훈련장을 폭격 훈련 리스트에서 삭제한다는 점은 아직 합동위원회에 상정되지 않았기 때문이었다. 이런 이유들을 들어 일본 정부는 독도 영유권을 주장하는 구상서를 한국 정부에 보냈고 일본 의회에서는 이 기회에 독도가 일본 영토라는 것을 확실히 해 두고자 했다. 그래서 독도가 본래 일본의 영유에 속하는 것이었기 때문에, 미일 합동위원회의 논의를 거쳐서 처음으로 미군이 사용한 해군훈련장 리스트에 포함

22) O. P. Weyland, 한국전쟁 당시 미 공군사령관. 북한의 수력 및 화력 발전소 폭격을 진두지휘한 장군으로 미 공군이 한반도에서 원활한 작전을 수행할 수 있도록 동해상의 영공과 영해에 독도를 포함해 작전지역으로 활용함으로써 독도를 한국전쟁 작전권으로 포함시켰다.

되었다고 하는 점을 의회에서 논하게 된다. 그리고 일본 의회에서는 한국 측이 말하는 것처럼, 한국 정부가 미 극동군으로부터 어떤 통지를 받았다는 것이 설령 사실이라 할지라도, 그것은 폭격 훈련이 중지된 것에 관한 것일 뿐, 독도의 일본 귀속과는 아무런 관련이 없는 것이라고 결론짓는다.[23]

2. 명백한 영토이나 근거는 없음

샌프란시스코 강화조약 체결에 즈음하여 국권 회복에 자신감을 얻은 일본은 독도 영유권을 주장하는 데 있어서 지금까지 보아왔던 것과는 다른 태도를 보이고 있다. 예를 들어, 오카자키 가쓰오[岡崎勝男] 국무대신의 경우 "한국 정부가 독도 영유권 주장에 대해 정식으로 제기해 온다면 대응하지 않으면 안 될 것입니다만, 그렇지 않고 애드벌룬 띄우듯 하는 성명에 대해 일일이 상대해 다투는 것도 오히려 이상하지 않은가라고 의회에서 답변하고, 동시에 한국의 독도 영유권 주장에 대해 정도가 심해진다면 대응하지 않으면 안 되지만 그러나 지금 현재는 그럴 필요는 없다고 생각하고 있습니다"라고 했다.[24] 일본이 의회에서 이렇게 독도에 대한 질의 답변을 자신감 있게 할 수 있었던 것은 샌프란시스코 평화조약 체결 시에 니시무라[西村] 조약국장으로부터 죽도(독도)는 확실히 일본의 영토라고 하는 점이 정해졌으므로, 걱정없다는 다테 의원의 의회 발언에서도 알 수 있듯이 당시 일본의 독도에 대한 영유권 해석은 의회 내에서만큼은 확고하다고 할 수 있다.[25] 하지만 오카자키 가쓰오 외무대신

23) 日本國會議事錄 外務法務委員會連合審議會 1號(1953. 3. 5).
24) 日本國會議事錄 外務法務委員會連合審議會 1號(1953. 3. 5).
25) 日本國會議事錄 外務法務委員會連合審議會 1號(1953. 3. 5).

의 발언을 보면 일본의 독도에 대한 영유권 의식은 의회 내에서조차 아직 정리되지 않은 점도 보인다. 당시 오카자키의 독도에 대한 견해는, "평화조약에 일본이 권리·권한 등을 포기해야 하는 지역은 정해져 있으며 그 이외의 원래 일본 영토는 당연히 일본에 귀속되어야 마땅한 것입니다. 일일이 열거해 놓지는 않았습니다만, 이것은 당연한 해석이라고 생각합니다."[26] 그리고 단 이노[團伊能] 의원의 질의에 대한 오카자키의 답변 역시 일본 정부의 독도에 대한 영유권 의식이 정리되지 않고 있음을 알 수 있다. 다음은 단 의원의 질의에 대한 오카자키 외무대신의 독도에 대한 발언이다.

> 단 이노 : 이승만 라인은 한국 측의 일방적인 선언이고, 일본으로서는 이것을 인정하지 않는다는 상황은 저희들도 잘 알겠습니다만, 한국 측이 이승만 라인 안쪽의 어업에 관해 추가로 제한을 두어, 일본 어선이 여기에 들어오는 것을 허가하지 않는다는 성명을 내고, 실제로 나포한 일본 어선에 대해서 이승만 라인 안으로 침입했기 때문에 나포했다는 식의 성명을 내고 있습니다. 이처럼 이승만 라인이라고 하는 것은 일방적인 선언입니다만, 그러는 사이 한국은 이미 이 라인을 기정사실로 여기고 행동으로 옮기고 있는 것입니다. 그렇게 해서, 이 시마네현[島根縣]에 속한, 리앙쿠르암이라 불리는 죽도(독도)가 일본의 영유임에도 불구하고 이것이 이승만 라인 내에 위치해 있고, 게다가 일본 어선의 자유로운 항해를 막는 행위가 현실에 존재할 때, 이것은 일본이 주권을 가진 영토에 제약을 가하는 것이며, 일본 영유권 혹은 주권을 침해하는 것이라고 생각됩니다. 이 점에 대해서 지금 외무대신께서는 단지 하나의 성명에 불과하니까, 이것을 문제 삼지 않는다고 하셨습니다. 물론 그 말씀에도 일리가 있습니다만, 한국 정부가 일본의 영토 주권을 제약하는 행위를 계속한다면, 이것은 도저히 방치할 수 없는 중대한 문제가 아닌가 생각합니다. 이 점에 대해서 외무대신의 생각을 다시 한 번 듣고 싶

26) 日本國會議事錄 外務法務委員會連合審議會 1號(1953. 3. 5).

습니다. 외무대신 오카자키 가쓰오 : 죽도(독도)로 가는 배가 방해를 받았다는 얘기는 듣지 못했습니다만, 그런 일이 있다면 물론 그에 대한 조치를 하겠습니다.[27)]

이처럼 단 의원의 질의에 대해 외무대신 오카자키는 독도 영유권에 대해서 신중한 모습으로 일관한다. 그러나 일본 정부는 당시 일본 주변에 있는 수많은 섬들에 대해서 아직 확실한 영토 조항을 갖고 있지 못했기에 독도에 대해서도 국제관행을 통해서 이해하려 했을지도 모른다.

예를 들어, 세이사토[西沙島]가 프랑스와 일본 중 어느 쪽의 영유(領有)인가 하는 논쟁이나 남극을 어디가 영유하는가에 관한 논쟁 등을 예로 들면서 "그래서 독도가 일본 영토라는 식으로 등록하는 관행은 없다"[28)]는 것이 당시 일본의 영토 개념이었다. 또 다른 예는, 지금은 일본이 북방4도를 당연히 일본 영토라고 생각하지만 당시에는 일본 정부도 하보마이[齒舞]나 시코탄[色丹] 정도가 일본 영토라고 주장했으며, 그 이외 영토에 대해서는 문제를 평화적으로 해결하기 위해서 얼마 간의 시간을 요하는 차원에서 문제 해결점을 찾으려 했다.[29)] 그래서 일본 정부의 독도에 대한 생각은 강화조약에 따라 일본이 주권을 포기한 지역이라는 것과 동시에 1951년 당시 연합군의 점령하에 있었던 일본은 죽도를 행정상 '일본의 범위에서 제외된 지역'에 넣은 '연합국 총사령부 훈령 제677호'의 제3항을 준수한 것이기 때문에 들어가지 않았지 죽도(독도)는 일본이 주권을 가지고 있다는 것이다.[30)] 그리고 그뿐 아니라 물론 이전

27) 日本國會議事錄 外務法務委員會連合審議會 1號(1953. 3. 5).
28) 日本國會議事錄 外務法務委員會連合審議會 1號(1953. 3. 5).
29) 日本國會議事錄 外務法務委員會連合審議會 1號(1953. 3. 5).
30) 이에 대한 최근 연구로는 일본 탁쇼쿠대학[拓殖大學] 교수인 시모죠 마사오[下條正男]의 주장은 이렇다. 즉, "거기에는 당초 제외되었던 도서로서 '千島列島, 齒舞群島 그리

에도 일본이 영유했던 사실이 있다는 것도 알고 있지만, 최근 일본의 영토 변경에 관해 가장 중요한 국제조약은 샌프란시스코 강화조약이다. 왜냐하면, 강화조약 내용에 독도는 일본이 주권을 포기한 지역으로 포함되어 있지도 않고, 미일 간에 체결된 행정협정을 바탕으로 미군의 훈련구역을 정할 때 독도가 포함되어 있다는 점은 독도가 일본의 영토라고 하는 것이라고 판단하고 있다. 그래서 일본 정부는 독도가 일본 영토라고 주장하지만 그와 동시에 이러한 해석방법이 국제법적 논의차원에서는 문제가 있을 수 있다고 스스로가 의심을 갖는다.[31]

일본 정부가 이렇게 국제법적으로 문제가 될 수 있는 부분에 대해서 조심스럽게 접근했던 이유는, 독도가 미군의 훈련지로써 사용되었다는 점 때문이었다. 이는 독도에 대한 일본 측 영유권 주장에 대해 오히려 근거를 흐리는 것은 아닌지 고려해 봐야 할 부분이었다. 예를 들어, 독도가 한국 정부의 항의로, 또 어떤 사정으로 훈련지로부터 제외될 경우, 역으로 한국 측의 주장을 뒷받침하는 논거를 일본이 제공하게 되는 위험이 있었기 때문이다. 하지만 일본 정부는 이러한 논거에 대해 의심하는 것조차 부적절하다는 입장을 취하게 된다. 그렇다면 왜 일본 정부는 국제법적으로나 국제 관례적으로 독도가 일본의

고 色丹島', '小笠原諸島 및 硫黃列島', '鬱陵島, 竹島 및 濟州島' 등이었지만, 1968년 6월 26일에 개정되었던 대장성령에서는 '小笠原諸島 및 硫黃列島' 이외는 없어졌기 때문이다. 그것은 대장성령 4호가 개정되었던 1968년 6월 26일은 미국이 시정권을 행사하고 있었던 小笠原諸島와 硫黃列島가 일본에 반환되었던 날이었기 때문이다. 이러한 사실은 '연합국 총사령부 훈령 제677호' 제3항에서 행정상 '일본 범위에서 제외된 지역'이 된 섬들은 일본 영토에서 제외되지 않았다는 증거이다"라는 것이다. 시모죠의 이러한 논리는 1953년 당시 일본 의회의 독도관련 질의내용의 연장선상에 있다고 볼 수 있다. 최장근(2009), 『독도 문제의 본질과 일본의 영토분쟁정치학』, 제이앤씨, 241~246쪽.

31) 日本國會議事錄 外務法務委員會連合審議會 1號(1953. 3. 5).

영유권이 되는 데에 문제점이 있었음에도 애써 무시하려 했는가? 이유는 두 가지로 설명될 수 있다. 첫째, 강화조약의 해석으로 독도가 일본 주권에서 분리되는 지역이나 혹은 잠정적인 주권으로 생각하고 있는 오키나와[沖繩]나 오가사와라[小笠原]와 같은 특수한 지역들처럼 독립한 한국 영토에 포함되어 있지 않은지 명확하지 않았기 때문이었다. 다시 말해서 독립하는 한국 역시 도서지역에 대한 영토규정이 명확하지 않다는 것을 의미했다. 이는 한국이 강화조약에 전승국으로 포함되지 않고 한일 간에 조약이 맺어지지 않는 한, 강화조약의 조항이 적어도 한국을 적극적으로 구속할 수 없었기 때문이다. 둘째는, 좀 더 나아가 독립한 한국에 독도가 포함되어 있지 않다고 하는 것과 일본의 강화조약 내용을 보면 일본이 주권을 포기하고 있지 않다는 두 가지 측면에서였다. 그래서 일본 정부는 이러한 현상은 근본적으로 한일 간의 조약이 성립되어 있지 않았기 때문에 일어난 일이며, 정부가 신속하게 한일 조약의 체결을 하지 않은 것은 실책이라고 생각했다.[32] 아무튼 한일 양국 간의 정치적인 문제는 별개로 하더라도 평화조약의 해석, 한국 독립 문제와의 관계, 이에 대한 일본의 독도 영유권 주장과 관련한 당시 일본의 생각을 좀 더 자세히 정리해보면 다음과 같다. 우선 평화조약 제2조는 한국의 영토를 규정하고 있지만, 다른 조항에서는 팽호제도(澎湖諸島), 치시마열도[千島列島], 신난군도[新南群島], 세이샤군도[西沙群島] 등에 관해서 일본 영유권이라고 명백히 규정하고 있지 않고 있었다. 그러나 한국에 관해서는 어디가 한국 영토인지를 명확히 열거해 놓았다. 그래서 일본 정부는 한국 영토가 한반도와 그 부속도서[제주도(濟州島), 거문도(巨文島) 및 울릉도(鬱陵島)를 포함하는 한국 영토]인 이 세 섬을 한정적으로 거론하고 있는 점이 일본의 독도에 대한 논거를 강화하는 논리가 되었다.[33] 그리고 행정협정

32) 日本國會議事錄 外務法務委員會連合審議會 1號(1953. 3. 5).

부문에서는, 행정협정 제2조의 시설 및 구역 사용에 대한 허가 규정을 담고 있는데, 이는 독도가 훈련장소로 지정된 것은 2조의 구역에 해당되기에 가능하다는 입장이다.

일본이 주장하는 또 하나의 독도 영유권 논리는 독도에 있는 시설물이 일본의 것이라고는 쓰여 있지는 않지만, 미일 간의 조약에 따라 구역을 채택했다는 것은 그곳이 일본 영토라는 점을 나타내는 유력한 법률적 근거가 된다는 것이다. 그리고 상대방의 사정으로 구역으로부터 해제하는 일도 가능할지 모르지만, 만약 정식으로 삭제하려면, 미국 측으로부터 독도가 훈련장으로써 사용할 필요가 없어졌기 때문이라는 점을 미일 합동위원회에 제기한 후, 미일 합의 아래 시설 리스트에서 삭제하는 조치를 취해야 한다는 것이다. 이러한 조치를 취함으로써 독도가 일본 영유의 섬이라는 점이 명백하게 법률적으로 뒷받침된다는 것이다. 그러나 일본의 이러한 주장들은 독도가 일본 영토라는 근거는 전혀 발견되지 않고 오로지 미일 간의 행정협정을 통해서 일본이 독도에 대해 우월한 지위를 확보할 수 있다는 논리를 구축하려고 하는 데만 힘쓰고 있다는 것을 알 수 있다.

3. 일본의 독도 영유권 주장의 한계

일본 정부의 미일 행정협정을 통한 독도 영유권 확보에 대한 문제점에 대해 소네에키[曾禰益] 의원의 지적을 보면 일본의 독도 영유권 주장이 얼마나 모순을 안고 있는지를 알 수 있다. 다음은 소네에키 의원이 의회에서 제기한 미

33) 日本國會議事錄 外務法務委員會連合審議會 1號(1953. 3. 5).

일 간의 행정협정을 통해서 독도에 대한 일본 정부의 우월한 지위 확보를 위한 논리 구축의 모순을 제기한 내용이다.

> 행정협정 설비에 관한 설명 감사합니다. 저는 이것이 꼭 강력한 논거라고는 할 수 없으며, 오히려 이용당할 위험을 여전히 느끼는 바입니다만, 평화조약 부분은 분명 하나의 논거라고 생각합니다. 조선이 濟州島, 鬱陵島, 巨文島를 포함한다는 규정만으로는 그다지 명확한 것 같지 않다고 생각되는데, 이 부분은 괜찮습니까? 요컨대 실제로 다른 많은 작은 섬이 있다고 생각합니다. 이것을 지도나 해역 지도라도 만들어 위도와 경도를 계산해서, 확실하게 섬의 귀속을 정하지 않을 경우에, 예를 들어 '섬을 포함 한다'라고 하는 것에 대해 ……, 거듭 말씀 드립니다만, 죽도(독도)의 영유에 관한 어떤 의심을 가지고 있는 것은 아닙니다, 다만 법률적인 설명이 완비되어 있는지 어떤지에 대해서 여쭤보고 있는 것입니다. 저로서는, 평화조약에 논거를 두고 있는 지금의 정도로는 논의의 여지가 없을 만큼 명확하다고는 할 수 없지 않을까 하는 걱정 때문에, 재차 여쭤보는 것입니다. 특히 거듭 그 행정협정과 관련해서 말씀 드립니다만, 이것은 한국에 대해 주장할 수 있는 적극적인 근거가 되지 않는 것 같습니다. 이 점에 관해 질문 드립니다.[34)]

소네에키 의원의 질의에 대해 일본 정부의 답변자로 나선 시모다 다케조[下田武三] 장관의 답변은 독도가 일본 영유권에 포함되는 데에 대해서 미일 행정협정 규정만으로는 무리가 있다는 내용의 답변을 한다. 다음은 시모다 다케조 장관이 소네에키 의원에게 답변한 내용이다.

> 평화조약 제2조의 '포함 한다'라는 부분은, 이런 조항을 달지 않을 경우, 조선 본토만을 가리키는 것으로 오인될 소지가 있기 때문에, 조선 본토만이

---

34) 日本國會議事錄 外務法務委員會連合審議會 1號(1953. 3. 5).

아니다는 점을 말하고, 만약을 위해 諸島라든가 群島라고 하는 개념에도 포함되지 않고, 공해상의 한가운데에 위치해 있는 홀로 떨어진 3개의 섬을 골라서 조선에 포함시켰다는 것으로 해석되고 있습니다. 그러나 말씀하신 대로 많은 조약의 선례와 같이 조약의 부칙에 지도를 붙여 명시하는 방법이, 분명 가장 명확한 규정 방법이라고 생각합니다. 앞으로 한국과의 사이에 기본 조약을 맺게 되면 상당히 유효한 방법의 하나가 될 것입니다. 그렇지만 평화조약에서는 한국과의 관계만을 상세하게 규정하거나 혹은 지도를 첨부하면 그렇게 하지 않은 다른 영역의 규정 방법과 형평성의 원칙에 어긋나므로 그렇게 하지 않았습니다. 하지만 우리는 한국과의 영토 관계에 대해 지극히 명확한 규정 방식을 취하고 있다고 생각합니다. 행정협정과의 관계에 있어서는, 소네씨께서 그것은 근거로 채택할 수 없다고 말씀하셨습니다만, 만약 미국이 죽도(독도)를 한국 영토라고 생각했다면, 한국과 계약을 맺고 한국 정부의 동의를 얻어 시설을 사용하려고 했을 것입니다. 그러나 그렇게 하지 않고 미일 행정협정 규정에 따라 미일 합동위원회에 상정하여 빌리는 조치를 취했다는 것은, 미일 간의 문제이긴 합니다만, 이 또한 미국도 죽도(독도)를 일본 영토로 생각한다는 반증이 아닐까 생각합니다.[35)]

이처럼 시모다 장관의 답변은 독도가 일본 영유권에 포함되는 것에 대해 자신감이 없으며 또한 어떠한 합리적인 논리도 만들어내지 못한다. 그리고 소네에키 의원의 질의에 이어 일본의 독도 영유권 확보가 미일 행정협정으로는 모순이 된다는 단 이노[團伊能] 의원의 질의를 살펴보면 일본의 독도 영유권 논거에 문제가 있음을 거듭 확인할 수 있다.

다음은 일본이 미일 행정협정의 근거를 내세워 독도를 일본 영유권화하려는 의도에 대해 문제점을 지적하는 내용이다.

소네씨의 질문에 대하여 잠시 여쭤보고 싶습니다. 저는 행정협정 관련 논

35) 日本國會議事錄 外務法務委員會連合審議會 1號(1953. 3. 5).

거가 오히려 이 영유 문제를 침해하고, 논거를 약화시킨다는 소네씨의 의견에 전적으로 동의합니다. 따라서 만약 그렇게 된다면, 이전에 한국이 발표한 진위는 모르겠습니다만, 웨이랜드의 통지라는 것도 동일한 가치를 가져오지 않을까 하고 생각합니다. 그래서 원래 행정협정 혹은 지금의 군사령관의 발표는 영토 문제를 해결할 수 있게 해주는 근거가 되어주는 것이 아니라, 작전상, 기타 편의상 나온 것으로 미국군이 영토 등에 관해 외교적으로 적합성 여부를 인정했다고는 하지만, 전문적인 지식을 가지고 성립된 것은 아니라고 생각하기 때문에, 이는 저도 소네씨와 마찬가지로 그다지 논거가 되지 않는다고 생각합니다. 여기서 한 가지 여쭙고 싶은 것은, 한국이 이전부터 죽도(독도)가 한국의 영토라고 주장하고 있다면 이 강화조약에서 일본의 관할권이 미치지 않게 될, 즉 일본으로부터 분리되는 토지라고 하는 것이 일본의 국토를 규정한다고 하는 것과 어떤 관계가 있는 것입니까? 아시는 바와 같이 일본의 관할권 안에 있던 것은 사람이 살지 않는 島嶼로, 생각하기에 따라서 넓은 의미로 보면, 여기에 사람은 살지 않았기 때문에 이런 주장도 일단은 성립되는 것이 아닌가 하고 생각합니다만, 원래 일본의 영토가 아니었기 때문에 일본 영토로부터 분리된다는 규정 내에 언급되지 않았다고 하는 주장이 있을 경우에 문제가 불명확해지지 않을까 하는 생각이 듭니다. 이점을 질문 드리고 싶습니다.[36)]

위의 두 의원의 질의에 답변이 어렵게 되자 일본 정부는 그간 일관되게 주장해오던 미일 행정협정 관련 논거를 통한 독도 영유권 확보 주장을 뒤로하고 전전(戰前)에 독도가 일본의 소유였다고 답변한다.[37)] 이처럼 일본의 미일 행정

36) 日本國會議事錄 外務法務委員會連合審議會 1號(1953. 3. 5).

37) 당시 일본 정부의 답변자로 나왔던 정무차관, 나카무라 고하치[中村幸八]는 의원들의 질의에 대해 답변이 어려워지자 “죽도(독도)는 1926년(大正 15년)에 오치군[穩地郡] 고카무라[五箇村]의 일부가 되었습니다만, 그보다 훨씬 이전인 1905년 2월 22일(明治 37)에 시마네현[島根縣]고시 제40호로, 시마네현의 오치도서[穩岐島嶼]의 소관으로 편입되었으며, 그 이전에도 다른 어느 나라로부터도 이 섬의 영유 문제에 관해 이의가 있었던 적은 없습니다. 그런 의미에서 죽도(독도)가 우리의 고유 영토라고 하는 것은

협정을 이용한 독도 영유권에 대한 주장은 독도가 일본 영토라고 주장하기에는 제한적이며 동시에 자가당착적인 논리모순에 빠지게 된다. 이후 일본 의회는 한국 정부의 독도 영유권 주장에 대해 일본 정부의 논리적 근거가 미흡하다는 데 우려를 표명하면서 새로운 논리 개발에 고민하게 된다.

4. 논리적 근거 미흡과 우려 표명

위에서 보았듯이 일본 정부가 독도 영유권 주장의 한계에 부딪치자 독도 영유에 대한 논리적 근거 확보에 고민하면서 동시에 해결하려 했던 노력은 다음 두 가지로 볼 수 있다. 첫째, 독도가 일본의 영토라는 점에 대해서는 일본 정부도 의심하지 않지만 그것을 주장하는 논거가 상당히 빈약하므로 국제적으로 주장할 수 있는 논리를 좀 더 정밀하게 연구해야 한다는 것과, 둘째, 한국 영해 밖에 있는 섬 중에 일본 정부가 한국의 영토라고 인정하는 섬이 어느 것 인지에 대한 조사가 필요하다는 것이다.[38] 이에 대해 일본 정부는 일본영해 밖에 있는 섬 중에 한국 가까이에 있는 암초나 어떤 섬이 지도에 나타나있는가에 대해 조사해 본 결과 '죽도' 이외에는 그런 섬이 없다고 결론짓는다. 그리고 일본 정부의 시모다 다케조[下田武三]는 "죽도(독도)가 울릉도보다 훨씬 일본에 가까운 위치에 있기 때문에, 만약 한국 편에 있다거나, 혹은 울릉도와 한국과의 동일한 거리 정도에 있다면 의심이 있을 수 있겠지만, 오키노시마[沖ノ

명백합니다. 더 나아가 방금 지적하신 광업권의 시굴권(試掘權) 문제에 대해서 말씀드립니다. 만약 이 시굴권을 침해당하면 조금 전 대신께서 답변해 주셨던 것과 같이, 가능한 모든 방법을 통해 광업권의 침해가 일어나지 않도록 조치할 것입니다"로 답변을 회피한다. 日本國會議事錄 外務法務委員會連合審議會 1號(1953. 3. 5).

38) 日本國會議事錄 外務法務委員會連合審議會 1號(1953. 3. 5).

島]와 울릉도(鬱陵島)와의 중간에 있는 것이기 때문에 일본 영토로 볼 수 있다"고 의회에서 답변 한다.[39] 이에 대해 나카야마 후쿠조[中山福藏] 의원은 "이번 기회에 정부에 확인해 두고 싶은 점이 있습니다. 미일 합동위원회가 폭격 훈련지로 일단 죽도(독도)를 포함시켰었는데, 요즘 왜 제외되었나요? 상대방이 일방적으로 제외한 것인가요?"[40] 이처럼 군사적인 문제가 게제된 민감한 사항에 대해서 일본 정부는 의회 답변을 통해 독도 문제와 지역방위 협정과의 상관관계를 예로 들면서 "만약 일본과 미국사이에 방위협정이 체결된다면 독도는 일본 영토의 일부로서 방위의 대상이 될 것"이라고 답변한다.[41] 그리고 평화선에 독도가 포함되었고 이로 인해 일본 어선들이 한국 해군의 한국 영해 침해로 인해 나포가 잦아지자 일본 정부의 항의는 강경일변도였다. 하지만 일본 의회에서는 독도가 일본 영토라고 주장하기에는 많은 문제점이 있다는 것을 인지하고 있는 듯했다. 이유는 앞 문장에서도 언급했듯이 일본이 전쟁에서 패하자 연합국은 독도에 대한 일본 권원을 무효화했다. 연합국 총사령부는 연합국 총사령부 훈령 제677호를 발행하여 일본의 영토를 획정하고, 논쟁의 대상이 된 섬들에 대해서는 일본의 행정권으로부터 제외된다고 명령하였다. 그러나 연합국 총사령부 최종문서에는 독도가 일본 영토에 포함되지 않는다고 기술되지 않았다. 따라서 당시 일본 의회에서 독도가 일본 영유권이라고 논하게 되는 계기가 되었다. 일본 의회는 독도가 일본 영유권이라고 주장은 하지만 논리적 근거는 아직 미흡하다. 당시 독도가 일본 영유권임을 강력하게 주장했던 단 의원의 의회 발언을 보면 일본의 독도에 대한 고민을 알 수가 있다.

39) 日本國會議事錄 外務法務委員會連合審議會 1號(1953. 3. 5).
40) 日本國會議事錄 外務法務委員會連合審議會 1號(1953. 3. 5).
41) 日本國會議事錄 外務法務委員會連合審議會 1號(1953. 3. 5).

단 이노 : 죽도(독도) 문제는 일종의 암초로 사람이 살지 않는 섬의 문제입니다만, 일본 국민이 영토로서 살고 있는 지역에 대해서 이러한 일이 일어난다고 가정하면, 국민들은 큰 불안을 느끼게 될 것입니다. 죽도(독도)뿐만 아니라, 일본은 아시는 바와 같이 바다로 둘러싸여 있어서 주변에 섬이 아주 많이 있습니다. 포츠담 선언 등에 쓰여 있는 극히 대략적인 4대 섬 및 거기에 부속되는 도서라는 개념으로 일본의 영토를 생각하는 것은 불가능합니다. 좀 더 상당히 정확하고 정밀하게 영토를 규정해 두지 않으면 우리로서는 안심할 수 없을 것 같습니다. 특히 하보마이 군도[齒舞群島]와 같은 것이 조약에 존재하는 쿠릴 아일랜드인지, 치시마인지 알 수가 없습니다. 만약 치시마가 아니고 홋카이도[北海道]의 부속 도서라고 할 경우, 그것은 국적은 일본이면서 현재 소련군의 점령하에 있게 됩니다. 그리고 쿠릴 아일랜드라고 불리는 곳은 일본의 영토인지 아닌지 궁금합니다. 가능하면 일본의 현재 상황에 대해 간단히 설명을 듣고 싶습니다.

이처럼 단 이노 의원의 질의는 당시 일본으로서도 독도에 대해 영유권을 주장한다는 것은 증거불충분의 우려가 있었다. 북방 섬들의 문제에서도 알 수 있듯이 일본이 특정 섬들에 대해서 일본 영토라고 주장한다는 데에는 무리가 있음을 직간접적으로 나타내고 있다. 그러나 일본 정부의 답변은 이와는 온도차를 느낄 수 있다.

다시 말해서 독도가 일본 영유권에 포함된다는 어떠한 근거가 없음에도 불구하고 일본 정부가 자국 영유권임을 주장하는 것은 의회의 주장과는 모순임을 알 수가 있다. 이하 내용은 단 의원의 질의에 대해 일본 정부 관계자의 답변이다.

정부위원(시모다 다케죠) : 평화조약의 규정에 의해서 그런 불명확한 문제는 발생할리 없지만, 한국이 실로 근거 없는 억지 주장을 하기 때문에 문제가 일어나는 것입니다. 현재 방금 지적하신 하보마이[齒舞], 시코탄[色丹],

이 두 섬과 죽도(독도) 이외에 실제로 어떠한 분쟁이 발생한 곳은 없으며, 또한 발생할 가능성이 있는 섬도 없기 때문에, 그 점은 걱정하실 필요가 없다고 생각됩니다. 또한 방금 전 정무차관의 설명을 보충해서 말씀 드리면, 이전 국방부의 발표가 있은 직후에 제가 미국 대사와 만났습니다만, 만약을 위해 물으니, 미대사관은 일소에 부쳤습니다. 미국이 대수롭지 않게 여기는 문제를 일본이 지나치게 크게 문제 삼는 것은 균형을 잃은 처사가 아닐까 해서 단순히 조사를 요구하고, 그 결과를 기다리고 있었습니다. 그런데 어제 [죽도(독도)가 훈련지에서 빠진 것은] 단지 군에서 폭격 훈련을 정지하겠다는 것일 뿐이라는 답변이 있었으므로, 미국 대사관을 통해 미국 정부의 공식 견해를 받은 것으로 생각합니다.

위에서 보았듯이 일본의 독도에 대한 영유권 주장은 어떠한 논리나 근거보다는 미국의 견해에 따라서 강온의 주장을 반복하고 있음을 알 수 있다. 예를 들면, 1951년 샌프란시스코 강화조약에 대한 협상을 진행하면서 일본은 독도에 대한 행정적 소유권을 되찾으려고 노력했다. 하지만 이러한 노력은 성공하지 못하게 된다. 이유는 강화조약 몇 개월 전에 한국의 이승만 대통령이 평화선을 공표함에 따라 독도 문제가 의제에서 빠지게 된다. 독도 영유권을 둘러싼 한일 간의 표면적인 대립이 부각된 시기는 1954년 9월 일본이 이 문제를 국제사법재판소에 회부하겠다고 공언하면서이다. 이에 대해 한국 정부는 독도는 역사적으로 한국의 고유 영토이기에 일본의 주장에 대해 무시하는 정책으로 일관했다. 그때부터 일본은 한국 정부에 독도에 대한 일본의 권리 주장을 일깨우기 위해 매년 구상서를 한국 정부에 보내오고 있다.

Ⅳ. 맺음말

2009년은 안중근 의사 서거 100주년이며, 2010년은 일본으로부터 국권이 강탈당한 경술국치 100년이 된다. 그리고 독도가 일본 시마네현 관보에 강제로 고시된 지 백년이 넘었다. 사람들은 전쟁이 끝나면 세계는 평화롭고 더 이상의 전쟁은 없으리라고 상상했을지 모른다. 그러나 전후 한반도는 남북으로 분단되었고 냉전은 6·25전쟁이라는 비극으로 우리 민족에 깊은 상처를 남겼다. 이 모든 사건들은 시간이 흐름에 따라 우리에게 역사로 남게 되었다. 역사는 또 다른 역사를 재생하듯 지난 2005년 3월 25일 일본 시마네현 의회가 '2월 22일을 죽도의 날로 정하는 조례'를 공표·시행한 이래로 독도는 한일 양국의 현안 외교문제로 비화되고 있다. 그래서 이 글은 일본이 어떤 근거로 독도가 일본 영토라고 주장하는지를 '일본 의회 독도 관련 속기록'을 통해 분석했다. 속기록에 의하면 일본 의회에서 행한 독도 관련 최초 발의는 '1951년 2월 6일 중의원 외무위원회'에서 자유당 소속의 시마네현 출신 야마모토 도시나가[山本利壽] 의원이 질의한 내용이다. 연합국 군정 관할 하에 놓여 있던 '죽도(독도)'를 포함한 류큐열도[琉球列島], 아마미 오시마[奄美大島], 북방영토 등의 귀속 문제에 대해 질의하는 것으로 시작되었다. 그러나 1951년 2월까지만 해도 일본 의회가 독도에 대한 영유권을 강하게 주장하는 단계가 아니었다. 이유는 당시 미일 간의 샌프란시스코 강화조약에서 영토 조항 문제가 일본에게 유리한 사항이 아니었고 더 나아가서 영국이 제출한 영토 조항의 비망록을 미국이 받아들이는 상황이었기 때문이었다. 그리고 이승만 정권은 전쟁 중에도 불구하고 독도에 대한 명기를 강력히 주장하였다.

그러나 미국은 한국의 주장을 거부하고 1951년 8월 10일 일본 측에 영유 근거가 있다는 견해를 연합국 사령부 측이 나타내었던 것이다. 이는 연합국 사령부를 대변하는 주장이라기보다는, 당시 일본에 우호적이었던 미국 측의 주장으로, 이미 독립이 승인된 주권 국가의 영토를 자의적으로 해석한 것에 불과하다. 하지만 앞서 보았듯 미국은 우리보다도 일본에 대해 더 우호적이다. 미국은 제3자이지만 우리나라의 독립과 일본의 패전 처리 당시, 군정을 담당한 당사국이기에, 미국의 입장 역시 대단히 중요하다고 할 수 있다. 결국 우리나라와 일본의 주장이 팽팽히 맞서고 있는 상황에서, 미국은 묵시적으로나마 일본을 지지해 주리라는 계산도 있는 것이다. 그러나 이 글이 다루어진 시기는 1953년 3월부터인데, 당시 한국은 전쟁 중이었고 미국은 동북아시아 안보를 위해서 일본의 협력이 절실했던 상황이어서 일본 의회의 독도 영유권 주장은 어느 때보다도 강한 목소리를 내고 있었다. 그래서 일본 의회는 의원 질의와 정부 답변에서 이구동성으로 독도가 일본 영토라고 주장하지만 '근거가 없다'든지, 심지어는 '논리적 근거 미흡'으로 일본 스스로가 독도 영유권 주장의 한계에 부딪히는 내용이 자주 등장한다. 심지어 스기하라 고타로 의원은 정부 측의 답변에 대해 "독도 영유권 주장에 일본의 논리가 매우 빈약하다"는 데 우려를 표명하면서 "국제적으로 지지를 받을 수 있는 논리개발의 연구가 필요하다"고 외무성의 조약국장에 지시한다. 이처럼 일본의 독도 영유권 주장은 의회 기록을 통해 보았을 때 애초부터 일본 정부와 의회 모두가 무리한 주장이라는 걸 알고 있었지만 일본 정부는 지난 60여 년간 독도 영유권을 꾸준히 주장하고 있음을 알 수 있다.

• 참고문헌

최장근(1998), 『일본 영토의 분쟁』, 백산자료원.

최장근(2009), 『독도 문제의 본질과 일본의 영토분쟁 정치학』, 제이앤씨, 朝日新聞(1952. 3. 9).

高野雄一(1962), 『日本の領土』, 東京大學出版會.

『每日新聞』(1953. 2. 28).

每日新聞社 編(1952), 『對日平和條約』, 每日新聞社.

梶村秀樹, 「竹島=獨島問題と日本國家(付·資料)」, 『朝鮮硏究』 1978年 9月號.

水津滿(1987), 『北方領土の鍵』, 謙光社.

外務省 編(1976), 『日本外交年表竝主要文書 上』 明治百年史叢書 1, 原書房.

日本國會議事錄 外務法務委員會連合審議會 1號.

日本外務省 홈페이지 참조(http : //www.mofa.go.jp/mofaj/).

근대 독도와 울릉도 명칭 문제를 둘러싼 논쟁과 그 의미

동북아역사재단 **김영수**

근대 독도와 울릉도 명칭 문제를 둘러싼 논쟁과 그 의미

동북아역사재단 **김영수**

I. 머리말

2008년 일본 외무성은 『다케시마 문제를 이해하기 위한 10의 포인트』라는 책자를 발간했다. 책자에서 일본 외무성은 "일본이 옛날부터 독도의 존재를 인식하고 있었다", "한국이 옛날부터 독도를 인식하고 있었다는 근거는 없다", "일본 정부가 1905년 독도를 시마네 현에 편입하여 독도 영유 의사를 확인하였다" 등의 주장을 펼쳤다. 내용을 자세히 살펴보면 일본 정부는 독도에 관한 인식을 바탕으로 독도 명칭을 규정하면서 일본의 독도 인식 및 독도 영유권을 동시에 주장했다.

그런데 필자는 작년 하반기 학술대회에서 울릉도와 독도 명칭 관련 논문을 발표했다. 그 자리에서 국제법 학자는 국제사법재판소에서 재판 판결문 중 명칭 문제를 적용한 사례가 없다는 사실을 알려주었다. 그 당시 필자는 왜 역사학자들이 실제 적용되지 못한 명칭 문제를 그동안 매달려서 연구했는가, 일본이 독도 명칭을 규정하면서 한일 양국의 인식을 어떻게 규정했는가 등을 골똘히 생각해 보았다.

명칭이 붙여지는 과정에는 반드시 그 대상에 관한 인식에서 출발한다. 그리고 명칭에는 의미와 의도가 숨겨져 있다. 이런 숨겨진 의도를 해석하기 위해서 그동안 역사학자들이 독도의 명칭 문제에 의식적이든 무의식적이든 매달렸던 것으로 보인다. 더구나 일본 정부는 독도 명칭 규정에서 출발한 독도 인식 문제를 영토 의식까지 확장시켰다. 그만큼 명칭 문제는 독도에 관한 인식 및 영유권을 주장하기위한 전제조건이 되었다.

한국의 독도에 관한 전략은 독도의 역사적 연관성을 높여서 이 섬들에 대한 주권의 유효성을 높이는 것이다.[1] 무엇보다도 장황하게 자국 영토라고 해명하는 것보다는 자국 영토로서 결정적인 의미가 있는 근거를 제시해야 한다.[2] 즉 국제법과 역사학의 접근 방법이 필요하다.

기존 독도에 관한 국제법적 연구에서 논쟁의 중심은 "1905년 2월의 시점에 독도가 무주지였는가"라는 점이었다. 그렇다면 근대 국제법의 수용 전후에 "한국이 독도를 자국 영토로 인식하고 실효 지배하고 있었는가"라는 역사적 연구로 옮겨진다.[3] 이러한 인식의 문제는 "한국과 일본 등이 과거 독도를 어떻게 불렀는가"라는 울릉도·독도 명칭의 문제로 귀결된다.

역사적 연관성을 높이는 작업 중 울릉도·독도에 관한 명칭 연구는 울릉

---

1) 이 글은 김영수(2009), 「근대 독도·울릉도 명칭을 둘러싼 한국과 일본의 시각」, 『역사와 현실』 73을 일부 수정한 것이다. 그리고 이 글은 명칭 문제를 다루고 있으므로, 국립국어원의 외래어표기법을 따르지 않고, 필자가 의도한 표기를 사용했다. John M. Van Dyke(2008), 「독도문제의 제기와 해결」, 『독도 : 역사적 인식과 국제법적 정의』, 동북아역사재단 주최 국제학술대회. 48쪽.

2) Казарьян Р. Л.(2006), 「독도의 문제점에 관하여」, 『독도연구』 2, 221쪽.

3) 현대송(2008), 「독도 문제의 쟁점, 그 기원과 현황」, 『한국과 일본의 역사인식』, 나남, 38쪽.

도·독도 명칭이 내포하는 논리 및 그 배경을 추적하는 것이 핵심적인 과제이다. 기존 연구는 전근대 우산도의 명칭 변화를 시기별로 추적했지만 정작 근대 석도와 독도라는 명칭 규정에 초점을 맞추어 연구하지 못했다. 더구나 서구적 명칭이 근대 한국과 일본의 명칭 변화에 어떠한 영향을 주었는가를 설명할 필요가 있다.[4)]

명칭에 관한 연구 중 "대한제국 칙령 41호 석도(石島)가 독도인가"라는 논쟁

4) 명칭에 관한 국내외 주요 연구 성과는 다음과 같다. 方鍾鉉(1947), 「獨島의 하루」, 『경성대학예과신문』 13 ; 申奭鎬(1948), 「獨島 所屬에 대하여」, 『史海』 1 ; 申奭鎬(1960), 「獨島의 來歷」, 『思想界』 8 ; 이병도(1965a), 「독도의 명칭에 대한 사적고찰」, 『趙明基博士華甲記念佛教史學論叢』 ; 이병도(1965b), 「독도의 명칭에 대한 사적고찰」, 『獨島』, 大韓公論社 ; 申奭鎬(1965), 「獨島의 來歷」, 『獨島』, 大韓公論社 ; 川上健三(1966), 『竹島の歷史地理學的 硏究』, 古今書院 ; 이한기(1969), 『한국의 영토』, 서울대학교출판부 ; 최석우(1985), 「구미측 문헌에 나타난 독도」, 『독도연구』, 文光社 ; 강만길(1985), 「외국의 문헌상에 나타난 독도」, 『독도연구』, 文光社 ; 堀和生(1985), 「一九O五年日本の竹島領土編入」, 『朝鮮史硏究會論文集』 24 ; 堀和生(2008), 「1905년 일본의 다케시마 영토편입」, 『한국과 일본의 역사인식』, 나남 ; 塚本孝(1994), 「竹島領有權問題の經緯」, 『調査と情報』 244, 國立國會圖書館 ; 이진명(1998), 『독도 지리상의 재발견』, 삼인 ; 배성준(2002), 「울릉도 독도 명칭 변화를 통해서 본 독도 인식의 변천」, 『진단학보』 94 ; 송병기(2005), 『울릉도와 독도』, 단국대학교출판부 ; 下條正男(2004), 『竹島は日韓どちらのものか』, 文春文庫 ; 內藤正中(2005), 「竹島固有領土論の問題点」, 『鄉土硏』 69號 ; 신용하(2006), 『한국의 독도영유권 연구』, 경인문화사 ; Пак Чон Хё. Об острове Токто и о том, как на карте мира появилось Японское море(독도문제와 동해표기)//Некоторые территориальные вопросы на Дальнем Востоке и актуальные задачи международного сотрудничества во имя мира(극동지역에서의 영토분쟁 문제와 국제협력상의 현실적 과제), М. 2006 ; Глушков В.В. Спорные острова в море противоречий(분쟁 지역의 섬들)//Годичная научная конференция. Институт истории естесвознания и техники(자연과학 역사연구소 학술회의 자료집), М. 2007 ; Web竹島問題硏究會(2008), 『竹島問題に關する調査硏究報告書(平成 20年 7月)』 ; 서종학(2008), 「독도 석도의 지명 표기에 관한 연구」, 『어문연구』 36-3 ; 유미림(2008), 「일본의 석도=독도설 부정에 대한 비판적 고찰」, 『해양정책연구』 23-1 ; 오상학(2009), 「일본측 독도영유권 주장의 비판적 검토」, 『독도연구』 6.

이 진행 중이다. 1900년 10월에 대한제국은 '울릉도를 울도(鬱島)로 개칭하고 도감을 군수로 개정할 것'을 공포했는데 2조에서 울도의 관할 범위를 '울릉전도와 죽도(竹島), 석도(石島)'로 규정했다. 이것을 통해 독도가 울도의 관할권에 들어갔는가, 즉 이 칙령에 나오는 석도가 독도인가라는 문제가 제기되었다.[5] 대한제국 칙령 41호 속에 나오는 석도가 독도를 뜻한다는 주장을 좀더 확인하는 노력이 필요하다.[6] 왜냐하면 칙령 41호 석도 명칭은 한국의 고유 영토론을 보다 분명하게 증명하는 과제로 남아있기 때문이다.[7]

현재까지 알려진 바에 따르면 독도(獨島)라는 명칭은 1904년 일본 군함 니이타카호[新高號]가 작성한 일지에서 최초로 발견되었다. 여기에는 조선인들이 리앙쿠르라는 바위섬을 독도로 표기한다는 사실이 기록되었다. 현재까지 한국 문헌 중에는 1906년 울도 군수 심흥택이 강원도 관찰사에게 보낸 '본군소속 독도(本郡所屬獨島)'라는 구절에서 처음으로 확인되었다. 독도의 명칭 변화를 살펴보기 위해서는 한국 고문헌에서 등장하는 우산도(于山島)나 삼봉도(三峰島), 가지도(可支島) 등의 명칭, 일본 고문헌의 송도(松島)나 죽도가 각각 무엇을 지칭하는지도 파악할 필요가 있다.[8] 또한 독도가 울릉도인들의 인식과 중앙의 인식에서 어떻게 나타나는가, 울릉도인의 생활반경 속에 독도가 얼마나 밀접하게

---

5) 허영란(2004), 「독도 영유권 문제의 현황과 전망」, 『독도분쟁의 국제법적 이해』, 학영사, 31쪽.

6) 한철호(2007), 「독도에 관한 역사학계의 시기별 연구동향」, 『한국근현대사연구』 40, 219쪽.

7) 허영란(2008), 「독도 영유권 문제의 주요 논점과 '고유 영토론'의 딜레마」, 『이화사학』 36, 122쪽. 1900년을 전후한 시기에 갑자기 등장하는 석도와 독도라는 근대적 명칭은 근대 민족국가로의 전환과 관련하여 그 명칭의 유래, 출현의 조건 등이 해명되어야 한다[배성준(2002), 앞의 글, 52쪽].

8) 허영란(2004), 앞의 글, 28쪽.

들어가는가라는 점도 주목해야한다.[9)]

근대 시기 한국에서는 현재의 독도(석도) 명칭이 사용되었고, 일본에서는 다케시마[竹島]와 마쯔시마[松島]의 명칭이 서로 바뀌게 되었고, 서구에서는 독도 명칭을 리앙쿠르(Liancourt), 올리부차(Оливуца)와 메넬라이(Менелай), 호네트(Hornet) 등으로 규정되었다. 근대에 들어서서 독도가 본격적으로 서구에 알려졌고, 한국과 일본도 독도의 중요성을 인식했다. 또한 한국, 일본, 서구 등은 독도의 발견과 인식을 바탕으로 각국의 필요에 따라 독도 명칭을 규정했다. 그만큼 근대 독도를 둘러싼 명칭 변화를 파악하는 것은 매우 중요한 주제이다.

향후 근대 독도와 울릉도 명칭에 관한 본격적인 연구를 위해서 기존 연구 동향을 살펴보는 것은 반드시 필요하다. 이 글은 기존 연구를 통해서 근대 시기 울릉도와 독도의 명칭 변화를 한국과 일본을 중심으로 파악하면서 서구의 명칭이 울릉도와 독도 명칭에 어떤 영향을 주었는지 고찰할 것이다. 이 과정에서 필자는 명칭 변화와 관련된 일본의 논리와 의도를 파악할 것이다.

II. 우산도, 석도를 둘러싼 논쟁

그동안 한국과 일본은 문헌자료와 고지도를 토대로 울릉도·독도 명칭에 관해서 논쟁했다.

독도의 옛 명칭이 우산도(于山島)라는 견해는 1960년 초 이병도, 신석호에

9) 이병도(1976), 「우산 죽도의 명칭고」, 『한국고대사연구』, 박영사 ; 김정숙(2005), 「독도에 대한 역사 지리적 인식」, 『독도연구』 1, 3쪽. 이 글은 동아시아 근대의 기점을 잠정적으로 아편전쟁이 발생한 1840년으로 설정했다. 그리고 이 글은 한국과 일본의 명칭을 고려하여 松島를 송도 또는 마쯔시마, 竹島를 죽도 또는 다케시마로 사용했다.

의해서 제기되었다. 지금까지도 독도 연구의 자명한 전제이자 출발점이었다. 그렇지만 일본에서는 독도의 옛 명칭이 우산도라는 견해에 대한 비판이 일찍부터 제기되었다. 최근까지도 한국 연구의 맹점으로 지적하고 있다.[10)]

신석호는 「세종실록지리지」, 『동국여지승람』, 『성종실록』, 『숙종실록』 등의 문헌에 등장하는 우산도, 삼봉도가 현재의 독도라고 주장했다. 그리고 그는 일본이 17세기 안용복의 활동으로 인해 울릉도와 함께 독도를 조선의 영토라고 인정했다.[11)]

이병도는 명칭의 유래를 통해서 독도가 울릉도의 속도라고 주장했다. 이병도에 따르면 우산은 원래 모도인 울릉도의 이름이었다. 그 후 울릉도가 우산(于山) 이외에 우릉(羽陵), 울릉(鬱陵), 무릉(武陵) 등의 명칭을 가지게 되었기 때문에, 우산은 그 속도인 독도만을 가리키는 명칭으로 전칭되었다. 일본은 울릉도와 독도를 소나무와 대나무의 의미인 죽도와 송도로 명명하여 두 섬의 밀접한 지리적 관계를 인정했다. 결국 이병도는 두 섬이 "불가분의 협동 운명체적 관계를 가지는 본속도(本屬島), 혹은 모자도(母子島)"라고 주장했다.[12)]

신석호와 이병도는 대체로 우산도를 독도라고 규정하면서 울릉도와 독도의 연관성을 강조했다. 이러한 명칭 연구과정에서 독도라는 명칭의 유래가 제기되었고, "대한제국 칙령 41호 석도가 독도인가"라는 논쟁도 시작되었다.

방종현은 최초로 독도 명칭의 기원을 추적했다. 국문학자 방종현은 독도의 어원이 독섬이며, 이것은 돌섬, 즉 석도에서 비롯된 것이라고 추정했다. 방종현에 따르면 첫째 독도에는 흙이 없고 전부 돌 뿐이고, 둘째 돌이 전라남도 해안지방에서는 독으로 부르기 때문에 돌섬=독섬=석도=독도라고 추정했다. 그

10) 배성준(2002), 앞의 글, 30쪽.
11) 신석호(1965), 「獨島의 來歷」, 『獨島』, 大韓公論社, 36쪽.
12) 이병도(1965), 앞의 글, 70~71쪽.

리고 방종현은 독도의 생긴 모양이 '물독'처럼 안이 텅 빈 모양이어서 '독'이라는 명칭이 나왔을 가능성도 제시했다.[13)]

신석호에 따르면 광무 5년(1901)에 도장을 군수로 승격시켰고, 울릉도의 개척과 동시에 독도도 한국의 소유가 되었다. 그는 광무 10년(1906) 3월 5일 울릉군수 심흥택의 보고서 첫머리에 '본군소속독도(本郡所屬獨島)'라는 부분을 인용하여 독도에 관한 명칭의 기원을 제시했다.[14)]

이한기는 1900년 대한제국 칙령 41호를 분석하면서 죽도(竹島)는 울릉도 근방의 작은 섬 죽서(竹嶼)를 지칭하는 것 같고, 석도(石島)는 독도(獨島)를 가리킨 것이라고 주장했다. 이한기에 따르면 독도의 독은 즉 '석(石)'이라고 풀이된다. 그는 칙령 41호가 명백히 독도를 울릉도의 관할하에 두었고, 독도가 한국 영토라는 신념하에 이 섬에 대한 주권적 활동을 전개했다고 주장했다. 그는 독섬이라는 우리말을 한자로 표현하면 독도 또는 석도라고 판단했고, 1881년 울릉도를 개척한 이후 울릉도의 주민이 이와 같이 명명한 것이 아닌가라고 추정했다.[15)]

신용하는 1900년 칙령 41호에서 '군청의 위치는 태하동(台霞洞)으로 정하고 구역은 울릉 전도와 죽도, 석도를 관할할 사'라고 규정되었다고 소개했다. 신용하에 따르면 이규원의 검찰일기에서 죽도는 울릉도 바로 옆의 바위섬 죽서도(竹嶼島)를 가르키는 것으로 확인되었다. 그리고 신용하는 석도가 바로 독도를 가리킨다고 단정했다. 당시 대한제국 정부는 울릉도 주민들이 우산도를 독도(돌섬)라고 부르는 것을 보고받고 독섬을 의역하여 석도로 표기했다. 신용하

13) 方鍾鉉(1947), 앞의 글 ; 정병준(2009), 「해방 이후 한국의 독도 인식」, 『국제질서의 변용과 영토문제』, 동북아역사재단 주최 국제학술대회, 187~188쪽.
14) 신석호(1965), 앞의 글, 30쪽.
15) 이한기(1969), 앞의 책, 250쪽.

는 이를 음역한 표기가 바로 독도라고 주장했다.[16)]

신용하에 따르면 독도를 표기한 최초 문헌자료는, 일본 해군이 러일전쟁 동안 독도에 망루를 설치할 준비로 군함 니이타카호를 울릉도에 파견해서 독도에 대한 탐문조사를 실행한 1904년 9월 25일자의 보고에서 비롯되었다. 여기에 "리앙꼬르도암(岩)은 한인은 이를 독도(獨島)라고 서(書)하고 본방(本邦) 어부들은 리앙꼬도(島)라 한다"라고 기록되었다. 한국에서는 독도를 의역하여 석도(石島)라도 표기했고, 음을 취해 독도(獨島)로 표기했다.[17)] 결국 신용하는 독도가 울릉도의 부속도서이기 때문에, 울릉도와 독도가 한국의 고유영토라고 주장했다.[18)]

나이토 세이추[內藤正中]는 1904년 9월 25일자 군함 니이타카의 항해일지에 근거하여 송도에서 리앙쿠르암을 실제로 본 사람으로부터 들은 정보라고 하면서 한국인은 한자로는 독도(獨島)라고 쓰고 있었기 때문에 "석도가 독도이며, 울도군에 속한 섬임을 인식하고 있었다"고 주장했다. 나이토에 따르면 1906년 시마네현의 간다[神西] 부장 일행이 리앙코섬의 일본 영토 편입을 군수인 심흥택에게 알리자, 군수는 울도군 소속의 독도가 일본령으로 된 것에 놀라서 강원도청에 보고하고 대처할 것을 요구했다.[19)]

16) 신용하(2006), 앞의 책, 32쪽.

17) 「軍艦新高號行動日誌」(1904. 9. 25) ; 신용하(2006), 앞의 책, 33 · 104쪽.

18) 신용하(2006), 앞의 책, 43쪽. 메이지기에 울릉도와 독도에 관한 명칭의 혼란이 있었음에도 불구하고 일본명 죽도와 송도는 항상 세트가 되어 거론되었다. 만약 일본이 독도에 대한 역사적 영유권을 주장하기 위해서는 메이지 시대의 문헌에도 독도만을 따로 떼어 인식했던 관념이 일정하게 계승되어야 한다. 그러나 메이지 시대 일본 정부 태정관 고시를 비롯하여 오츠키와 아다치의 자료에서도 죽도(울릉도)와 송도(독도)는 일체로 인식되었다. 윤소영(2005), 「일본 메이지 시대 문헌에 나타난 울릉도와 독도 인식」, 『독도연구』 1, 150쪽.

19) 內藤正中(2005), 앞의 글, 14~15쪽.

배성준은 울릉도 주변의 명칭을 규정하면서 보다 논리적으로 설명했다. 배성준에 따르면 1900년 10월 칙령 41호 2조에서 울릉군의 관할구역을 울릉전도, 죽도, 석도라고 규정했다. 그런데 죽도를 제외하면 울릉도 주변에서 석도라고 불리울 만한 섬은 관음도(觀音島, 깍새섬)와 독도만 남는다. 그는 이규원이 올린 지도에 관음도가 '도항(島項)'이라고 표시되어 있고 소가 누워 있는 형상으로 묘사되어 있는 것으로 보아 관음도를 석도가 아니라고 추정했다.[20)]

선우영준은 "독도(獨島)라고 서(書)한다"는 니이타카호의 보고에서 한국인들이 흔히 사용하는 섬의 발음을 독도가 아니었을 가능성을 포착했다. 선우영준에 따르면 1900년 울도 고시의 '석도(石島)'는 울릉도민이 사용하는 구어 명칭을 토대로 명명한 것으로 추정했다. 그 석도는 섬은 섬인데, 돌로 이루어진 섬이라는 섬 명칭의 특정화가 이루어진 것이다. 한국에서 '석(石)'을 뜻하는 호칭으로 '돌'은 표준어였다. '독'은 주로 전라도 지역에서 발음의 능률성 때문에 사용된 방언이었다.[21)]

서종학은 독도의 음과 뜻을 추적했다. 서종학에 따르면 관부(官府) 문서는 관(關), 첩(牒), 정(呈), 첩(帖) 등 여러 종류가 있으나 하급 관청에서 상급 관청에 올리는 첩정(牒呈)에 해당했다. 그래서 관, 첩과 마찬가지로 첩정은 거의 언제나 이두로 작성되었다. 한자어 석도가 아닌 이두(음차표기) 독도를 사용했다. 석(石)과 독(獨)은 오래 전부터 사용되어 온 전통적인 차자였고, 석(石)은 돌·독을 표기하는 훈차자(訓借字)였고, 독(獨)은 독을 표기하는 데 이용된 음차자(音借字)였다. 따라서 돌, 독이 훈차자를 이용하여 표기하면 석(石), 양(梁)이 되고, 음차자

20) 배성준(2002), 앞의 글, 50쪽.

21) 선우영준(2006), 「독도 영토권원의 연구」, 성균관대학교 행정학과 박사학위논문, 290·571~572쪽.

를 이용하여 표기하면 독(獨), 독(督)이 되는 것이다.[22)]

유미림은 1906년 7월 13일 『황성신문』에 실린 "이 군이 관할하는 섬은 죽도와 석도요, 동서가 60리요, 남북이 40리니, 합 200여 리라고 하였다더라"는 울릉도와 독도 관련 내용을 집중적으로 분석했다. 유미림은 '동서 60리, 남북 40리, 합 200여 리'가 울릉도의 관할범위를 의미하는 것이 아니라 울릉도 자체의 거리와 둘레를 의미한다고 주장했다. 특히 유미림은 이규원의 『울릉도외도』에 등장하는 관음도가 울릉 전도에 포함되는 섬이기 때문에 관음도를 석도로 볼 수 없다고 주장했다.[23)]

최근까지 일본 정부는 명칭 문제에 관해서 다음과 같이 정리했다. 즉 19세기 이전에 일본과 한국 사이에 분쟁이 있던 다케시마[竹島]는 울릉도를 말하는 것으로 현재의 다케시마(독도)가 양국 사이에서 문제가 된 적은 없었다. 한국과 일본의 고문서와 지도 등에서 현재의 다케시마를 마쯔시마[松島]라는 이름으로 부르며 일본 영토로 인식하고 있었음을 명확히 보여주었다.[24)]

카와카미 켄조[川上健三]는 한국인의 다케시마[竹島] 존재에 관한 인식을 추정했다. 카와카미 켄조에 따르면 한국인이 울릉도에 정착하면서 일본인에게 고용되어 죽도에 출어하게 되었고, 일본인 지도에 따라 울릉도 근해에서 조업하게 된 이후의 시기였다. 카와카미는 그 시기를 바로 1904~1905년 이후로 추정했다. 그는 독도라는 명칭도 그 무렵부터 울릉도 어민 사이에서 불리게 된 것으로 추정했다. 그는 독도 명칭이 문헌적으로 1906년 이전에는 찾아볼 수 없었다는 것을 근거로 제시했다.[25)] 카와카미는 독도의 인식과 명칭을 동일한

22) 서종학(2008), 앞의 글, 55·57쪽.
23) 유미림(2008), 앞의 글, 180·183·193쪽.
24) 현대송(2008), 앞의 글, 42쪽.
25) 川上健三(1966), 앞의 책, 275쪽.

시기로 파악했다.

시모조 마사오[下條正男]는 칙령 41호에서 석도의 위도와 경도가 명기되지 않았다는 점을 주목했다. 오늘 날의 죽도는 당시 아직 죽도라고 불리지 않았고, 그 무렵에는 한일 양국이 량코도(リャンコ)로 불렀다. 칙령 41호에 있는 죽도(竹島)는 이규원의 조사에도 죽도라고 불린 울릉도 근방의 죽서로 생각되고, 석도(石島)가 어디를 지칭하는지 분명하지 않는다고 주장했다. 한국 정부가 그 이전 량코도를 "왜 석도로 표기한 것인가"를 실증해야 한다고 주장했다. 그는 칙령 41호가 발표된 이전에 독도가 량코도로 불리게된 역사적 사실을 무시하고, 석(石)과 독(獨)의 발음이 가깝다는 말로 석도를 독도로 표시해서는 안 된다고 주장했다.[26)]

시모조에 따르면 1900년 10월 25일 칙령 41호에서 죽도(죽서)와 석도 두 섬이 울도군 소속인 것은 전통적인 울릉도 이미지에 따른 것이다. 그래서 죽도는 죽서(竹嶼, 댓섬)를 가르키고, 석도는 도항(島項, 觀音島)이었다. 그는 대한제국 정부가 1910년에 간행한 『한국수산지(韓國水産誌 2輯, 1909)』에서, 도항의 별칭인 서항도(鼠項島)와 죽도(竹島, 竹嶼) 두 섬을 울릉도에 부속된 섬으로 간주했다. 그는 메이지[明治] 42년 6월 간행된 『해도(竹邊至水原端)』의 분도에서도, 죽도와 서항도 두 섬을 부속된 섬으로 규정하고 있다고 주장했다. 석도는 리앙쿠르섬으로 불렸던 죽도와는 전혀 관계가 없는 섬이었다고 주장했다.[27)]

후나스기 리키노부[船杉力修]는 『한국수산지』에 기초하여 서항도(鼠項島, 觀音島)

---

26) 下條正男(2004), 앞의 책, 113·115쪽.

27) 下條正男(2008a), 「獨島呼稱考－韓國政府版「獨島：六世紀以來韓國の領土 批判」, 『人文·自然·人間科學硏究』 19號, 拓殖大學人文科學硏究所；下條正男(2008b), 「獨島呼稱考」, 『竹島問題に關する調査硏究報告書(平成 20年 7月)』, Web竹島問題硏究會, 16쪽.

를 석도라고 주장했다. 그는 면적과 발음에 근거하여 서항도를 석도라고 판단했다. 후나스기에 따르면 『한국수산지』에는 울릉도에 대한 설명이 기록되었다. 거기에는 울릉도 주변의 제도, 커다란 암서로서 죽서, 서항도, 공암(孔岩) 3곳을 들고 있다. 서항도는 섬의 북동, 지금의 관음도에 해당한다. 그런데 서항도의 일본어 발음은 '소코우토우'로, 1900년 한국 칙령 41호에 기재된 석도와 발음이 비슷하다. 섬의 면적은 죽서가 6만 2,880평, 관음도가 2만 1,600평으로 죽서의 3분의 1이다. 결국 독도 섬 전체의 면적은 죽서에 가깝고, 동도와 서도 각각의 면적은 관음도에 가깝다.[28)]

쯔카모토 다카시[塚本孝]는 죽도 문제에서 한국이 그 섬을 정확히 인식하고 있었는지조차 증명되지 못했다고 주장했다. 한국 고지도(19세기말까지 지도)의 우산도는 거의 확실히 가공의 섬(울릉도를 두 개의 섬으로 그린 것)이거나 울릉도 동쪽 해안의 죽서(竹嶼)라고 말했다. 그는 1900년의 칙령에 있는 석도가 독도를 가리킨다는 것이 증명되면 국가로서 해당 섬에 대한 영유 의사를 나타낸다고 주장했다. 하지만 그는 그 경우에도 이 칙령 전후에 한국 정부 혹은 한국 국민의 점유 행위가 없었다고 주장했다.[29)] 또한 쯔카모토는 "칙령에 있는 석도를 독도라 한다 해도 법령에서 울도군의 관할구역으로 규정했다는 어구 하나만을 갖고 국제법상 독도가 한국의 영유가 될 수 없다"고 주장했다.[30)]

---

28) 船杉力修(2007), 「繪圖·地圖からみる竹島(II)」, 『竹島問題に關する調査研究　最終報告書(平成 19年 3月)』, 172쪽.

29) 塚本孝(2007), 「奥原碧雲竹島關係資料(奥原秀夫所藏)をめぐって」, 68쪽.

30) 塚本孝(1994), 앞의 글 5쪽 ; 현대송(2008), 앞의 글, 51쪽. 이에 반해 오니시[大西俊輝]는 석도를 관음도로 볼 수도 있지만, 울릉 전도라는 문구가 있음에도 불구하고, 일부러 도명을 지적하여 행정 관할구역으로 포함시킬 만큼 관음도가 울릉도에서 지리적으로 떨어져 있지 않다는 것을 들어 석도가 독도임을 알 수 있다고 주장한다[大西俊輝 저, 권오엽 역(2004), 『독도』, 제이앤씨, 81~89쪽].

이러한 울릉도·독도 명칭에 관한 논의에 대해서, 일본은 기본적으로 한국을 빼앗고 지배하려는 과정에서 독도를 점유한 사실을 완전히 부정했고, "다케시마의 일본 영유는 의문의 여지가 없다"며 고유 영토론에 기초하여 주장하고 있다.[31)]

결국 한국의 기존 연구는 전근대 우산도를 독도라고 규명하면서 울릉도와 독도의 상호 연관성을 강조했다. 한국은 근대 석도가 독도라고 규정하며 독도가 한국 고유영토임을 주장했다. 그런데 일본은 근대에 들어서서 한국이 독도를 인식했고, 석도가 울릉도 바로 옆에 있는 '관음도(觀音島)'일 가능성이 높다고 반박했다.

한국과 일본의 석도 논쟁 과정 중 두 가지가 주목된다. 그것은 일본이 독도에 관한 한국의 인식 시기를 자국보다 늦었다고 주장하면서, 독도를 울릉도에서 의도적으로 분리시키고 있다는 점이다. 그런데 여기서 주목할 점은 한국과 일본 양국이 근대 석도를 둘러싼 논쟁을 벌이는 과정을 보면, 명칭 규정에서 인식 차원의 문제로, 나아가 인식 차원에서 행정 관할의 문제로 논쟁이 변화하고 있다는 사실이다.

III. 송도, 죽도를 둘러싼 논쟁

일본의 메이지 시대 이후 지금까지도 태정관문서에 나타난 죽도와 송도의 명칭 규정에 대한 논란이 진행 중이다. 그 중 한국과 일본 학자는 1870년 「조선국교제시말내탐서(朝鮮國交際始末內探書)」 중 '송도 죽도 조선부속으로 되어 있는

31) 和田春樹(2008), 「동아시아 영토 문제에 관한 일본의 정책」, 『한국과 일본의 역사인식』, 나남, 170쪽.

시말[竹島松島朝鮮附屬ニ相成候始末]'을 주목했다.

강만길은 메이지 초년 일본 정부가 죽도와 송도를 모두 조선 영토라고 알고 있었거나 아니면 두 섬 모두 울릉도를 가리키는 것으로 알고 있었다고 주장했다. 강만길에 따르면 그 증거는 메이지 초년에 일어난 '송도개척논의'에서 나타나고 있었다. 메이지 초년에는 일본 정부 내의 누구도 '송도'가 어느 섬인지 확실히 모르고 있었다. 강만길은 1870년 「조선국교제시말내탐서」를 주목하면서 일본이 죽도와 송도를 각각 다른 섬으로 알았고 두 섬을 모두 조선 부속으로 보고했다고 주장했다.[32)]

일본 외무성이 죽도와 송도 두 섬에 대해 최초로 인식한 시기를 외무성 출사(出仕) 사다 하쿠보[佐田白茅]가 조선을 방문하고 보고서를 제출한 1870년이라고 호리 가즈오[堀和生]는 판단했다. 「조선국교제시말내탐서」의 내용 중 '다케시마와 마쯔시마가 조선 부속이 된 배경'에 따르면 "이 건은 마쯔시마가 다케시마 옆에 있는 섬인데, 다케시마에 대해서는 겐로쿠[元祿] 연간 이후에는 잠시 조선에서 거주를 위해 사람을 파견한 적이 있다." 호리는 "이 보고도 겐로쿠 연간의 '다케시마 일건'에서 마쯔시마가 조선에 넘어간 것으로 이해했다"고 지적했다.[33)]

신용하도 1870년 4월 「조선국교제시말내탐서」에 관한 자료를 상세하게 제시했다. 신용하는 1869년 12월에 외무성 관료 사다 하쿠보·모리야마 시게루[森山茂]·사이토 사카에[齋藤榮] 등이 부산에 파견되어 한국과의 개항 교섭을 탐색했고, 독도 관련 내용을 외무성에 제출했다고 기록했다.[34)] 신용하는 외무성

---

32) 강만길(1985), 앞의 글, 297·331쪽.

33) 堀和生(2008), 앞의 글, 98~99쪽.

34) "이 건은 松島는 竹島의 隣島로서 松島의 件에 付해서는 이제까지 게재된 書留도 없다. 竹島의 件에 付해서는 元祿度後 잠시 朝鮮으로부터 居留를 위해 差遣한 바 있다.

에 제출된 내용을 분석하면서 일본 외무성과 태정관이 독도를 조선의 영유로 인정했다고 파악했다.[35] 결국 강만길과 신용하 두 사람은 1870년 문서의 죽도 일건을 통해서 현재의 독도가 울릉도의 부속도서로 규정되었다고 판단했다.

그런데 쯔카모토는 「조선국교제시말내탐서」의 내용을 다르게 해석했다. 그는 메이지 초년의 소위 정한론과 관련하여 외무성관료 사다 등이 대마도와 부산에 출장하여 조선의 농사, 군사 등의 상황을 조사한 적이 있었는데, 그 보고서에 '송도 죽도 조선부속으로 되어 있는 시말'이라고 제목을 붙인 하나의 항목이 있었다고 밝혔다.

쯔카모토는 메이지 초년에는 서양의 지도가 유입하여 섬 이름의 혼란이 발생하기 시작했기 때문에 "조사사항을 추가한 사람의 의도가, 죽도 및 송도가 아니라, 죽도라고도 송도라고도 불리우는 섬이었을지 모른다"고 주장했다. 그는 외무성 관료 사다 일행의 보고에서 "송도는 죽도(울릉도)에 인접한 섬이지만, 송도에 대해서 기록한 서류는 없다"고 기록했다. 쯔카모토는 "사다 일행이 죽도 및 송도라고 해석했지만, 결국 출장 가서 조사해도 송도에 관한 정보를 파악하지 못했다"고 주장했다.[36] 쯔카모토는 송도의 존재 자체도 부정하려고 시도했다.

기존 한국과 일본 학자는 1876년부터 시작된 일본 외무성의 죽도와 송도의 확인과정에서 1881년 일본에서 간행된 기따자와[北澤正誠]의 『죽도고증(竹島考證)』을 본격적으로 주목했다. 『죽도고증』은 송도 문제를 두고 논의가 분분했

당시는 이전과 같이 無人으로 되어 있다. 竹木 또는 竹으로부터 큰 갈대가 자라며 人蔘 등이 自然으로 난다. 그밖의 魚産도 相應하여 있다고 들었다"[신용하(2006), 앞의 책, 150쪽].

35) 『日本外交文書』 3권, 사항 6, 문서번호 87, 1870년 4월 15일 : 신용하(2006), 앞의 책, 109쪽.

36) 塚本孝(2008), 앞의 글, 7쪽.

던 메이지 초년의 송도 논의를 종합한 자료로 울릉도와 독도 문제를 다룬 일본측 자료로서 가장 체계적이고 종합적인 자료였다.[37)]

카와카미는 일찍이 『죽도고증』을 인용하여 "메이지 13년(1880) 아마기함[天城艦]이 송도로 회항할 때 비로소 측량이 시작되었는데 송도는 울릉도이고 죽도는 하나의 암석에 지나지 않았다. 오늘날의 송도는 겐로쿠[元祿] 12년에 죽도로 부르던 섬이며 옛날 일본 판도외(版圖外)의 섬이었다"고 기록했다. 카와카미는 송도(松島)가 울릉도이고 죽도(竹島)는 주변의 암석이라고 주장했다. 카와카미에 따르면 1882년 8월 26일 내무성 지리국 발행 「조선전도(朝鮮全圖)」 및 해군수로국의 「일지한항로이정일람약도(日支韓航路里程一覽略圖)」 등 일본의 정부발행 지도에는 일찍이 울릉도에 해당하는 섬을 '송도(松島)'로 기재했다. 카와카미는 1886년 9월 30일 수로부 발행 『환영수로지(寰瀛水路誌)』 2권 2판도 울릉도를 송도 '양명(佯名) 다게레트'로 기재했다고 주장했다.[38)]

강만길도 1881년 발간된 『죽도고증』을 주목했다. 강만길은 『죽도고증』에 나타난 죽도와 송도의 명칭 문제를 상세하게 살펴보았다. 강만길에 따르면 일본 정부는 1880년 9월에 해군 소위 미우라 시게사토[三浦重鄕] 등이 아마기함을 통해서 송도를 측량시켰다. 그 결과 "그 땅은 곧 고래의 울릉도로서 그 지방의 소도로 죽도라고 부르는 곳이 있으나 모두 일개의 암석에 지나지 않음을 알게 되어 다년간의 의문이 일소에 해소되었다"고 보고했다. 이를 바탕으로 1880년(메이지 13) 수로국장의 명의로 '송도 한인은 이를 울릉도로 칭함'이라는 수로보고 33호가 작성되었다. 강만길은 "일본이 많은 논의 끝에 현지에 파견된 아마기함이 독도를 전혀 알지 못했고, 송도가 곧 울릉도이며, 죽도가 지금도 죽

37) 강만길(1985), 앞의 글, 297쪽.

38) 川上健三(1966), 앞의 책, 42·46쪽.

도로 불리고 있는 울릉도 바로 곁의 부속도서임을 확인했다"고 밝혔다.[39] 강만길은 일본이 독도를 인식하지 못했다는 점만 파고들며 비판했다.

『죽도고증』의 내용을 살펴보면서 1881년 내무성이 죽도와 송도를 일본의 영토 밖으로 인정한 문서를 주목한 학자는 호리였다. 그는 일본 외무성이 1876년부터 있던 마쯔시마 개척 문제 때문에 두 섬의 소속에 관한 판단을 강요당했다고 밝혔다.

호리에 따르면 그 후 2년 동안 고타마 사다야스[兒玉貞陽], 사이토 시치로베에이[齋藤七郎兵衛], 시모무라 유사부로[下村輪三郎] 등의 민간인, 블라디보스토크 주재 무역사무관 와키세 도시히도[脇瀨壽人]로부터 마쯔시마 개척 요청이 반복하여 제출되었다. 그 내용은 동해에 있는 일본령 또는 소속 불명의 마쯔시마에 대한 개발 허가를 요청한 것이었다. 그리고 열강이 이 섬을 노리고 있다는 위기감을 부추긴 것도 공통적이었다.

호리에 따르면 내무성 서기관 니시무라[西村捨三]는 1881년 11월 29일 외무성 서기관에게 죽도와 송도를 일본의 판도 밖으로 규정한 태정관의 지령서를 첨부하여 울릉도의 현 상태를 조회했다. 그 후 1905년 전까지는 외무성이 죽도와 송도의 영유권을 나누어서 취급한 적이 없었다.[40] 호리는 일본이 죽도와 송도를 동일한 영유권으로 파악한 점을 주목했다.

그런데 1877년 태정관 지령에 등장하는 '죽도외일도(竹島外一島)'의 위치에 대한 논쟁이 본격적으로 제기되었다.

신용하는 1877년 태정관 지령에 등장하는 '죽도외일도'의 위치를 본격적으로 조명했다. 신용하에 다르면 태정관은 죽도와 그 외 일도인 송도가 조선 영

39) 강만길(1985), 앞의 글, 319~320쪽.
40) 堀和生(2008), 앞의 글, 99·101쪽.

토로서 "품의한 취지의 죽도 외 일도의 건에 대하여 본방은 관계가 없다"라는 지령문을 1877년 3월 20일자로 결정했다. 이후 일본의 내무성과 국가최고기관인 태정관은 "울릉도와 독도가 조선 영토이며 일본의 영토가 아니어서 일본은 관계가 없다"고 1877년 3월 29일자로 재확인했다.[41] 신용하는 죽도를 울릉도로, 그 외 일도인 송도(松島)를 독도라고 주장했다.

한국학계가 죽도가 울릉도로, 송도가 독도라고 주장하자 일본은 죽도문제연구회를 주축으로 송도가 독도라는 사실을 철저하게 부정했다.

시모조는 태정관 공문록(公文錄)에 첨부된 시마네현 제출 「기죽도약도(磯竹島略圖)」에서 송도(현재의 죽도)와 기죽도(현재의 울릉도)가 그려져 있는 것을 주목했다. 시모조는 "시마네현이 울릉도와 죽도를 일본령으로 인식하고 있었다"고 주장했다. 시모조는 일본이 오히려 기죽도와 송도를 자국의 영토로 인식했다고 해석했다.

그런데 시모조는 태정관 공문록과 『태정유전(太政類典)』에 수록된 일본의 영토가 아니라고 부정한 '죽도외일도(竹島外一島)'를 분석했다. 시모조는 울릉도에 해당하는 죽도, 요나고[米子]에 거주하던 오오다니 진키치[大谷甚吉]가 표류하여 도착한 송도에 관한 기록만 있을 뿐이라고 단정했다. 시모조는 현재의 죽도에 관해서는 어느 것도 쓰여져 있지 않다고 주장했다. 무엇보다도 시모조는 "죽도외일도가 두 개의 울릉도를 나타내고 있다"고 주장했다.[42] 시모조는 동일한 태정관 문서 안에 있는 「기죽도약도」를 통해서 한편으로는 '기죽도'를 일본의 영토로 인식했고, 다른 한편으로는 '죽도외일도'를 두 개의 울릉도라고 주장했다. 시모조는 각각의 내용을 분리해서 일본에 유리한 방향으로만 해석했다.

41) 신용하(2006), 앞의 글, 27·125쪽.

42) 下條正男(2007), 「最終報告にあたって」, 『竹島問題に關する調査研究 最終報告書(平成 19年 3月)』, 2쪽.

후나스기는 "죽도외일도는 일본령이 아니라고 쓰여 있지만 지금의 죽도가 조선령이라고는 쓰여 있지 않다"고 주장했다. 그는 "일본 정부가 지금의 독도를 한국령으로 인정했다는 해석도 잘못된 것이다"고 강조했다. 후나스기는 단지 "태정관이 일본령이 아니라고 규정했을 뿐이다"라고 주장했다. 그는 "죽도가 조선령이라는 것을 증명하려면 조선측의 사료를 가지고 조선왕조가 섬을 실효지배했다는 근거를 제시해야한다"고 주장했다.[43)]

1877년 태정관 문서 작성 이후 1880~1890년대 일본에서의 송도와 죽도에 대한 인식도 한국과 일본학자들의 관심사였다. 즉 죽도와 송도를 규정한 태정관 문서가 일본에서 어떤 영향력을 미쳤는가라는 문제였다.

강만길은 1880년 아마기함 조사가 있은 후에도 일본에서의 울릉도에 대한 호칭은 계속 죽도와 송도가 혼용되었다고 주장했다. 그는 일본에서는 죽도와 송도의 혼용이 독도의 존재를 인지하지 못하고 있었다는 증거라고 주장했다. 그런데 강만길에 따르면 서양인들이 독도를 발견하고 붙인 '리앙쿠르'라는 이름이 일본인들에게 전해졌고, 1890년대 중엽부터 일본의 서부지방에서는 '리얀고'로 불러지기 시작했다.[44)] 강만길은 일본이 독도를 정확히 인식하지 못했고, 일본에서 독도가 '리얀고'라는 이름으로 불려졌더라도 울릉도와 연관되어 인식되었다고 강조했다.

호리는 일본이 1892년부터 순차로 발간한 『일본수로지』를 검토했다. 그는 『일본수로지』의 범위가 일본의 영토와 영해에 한정된다는 점을 주목했다. 호리는 "당시 일본 『해도』에 리앙쿠르가 정확하게 그려진 상태였지만 『일본수로지』의 일본해 부분에서 리앙쿠르 섬(독도)은 전혀 언급하지 않았다"고 주장

43) 船杉力修(2007), 앞의 글, 156쪽.
44) 강만길(1985), 앞의 글, 331쪽.

했다. 호리는 "1900년 시점에서 일본의 해군 수로부 당국은 이 섬을 명백히 일본령에서 제외했다"고 주장했다.

호리는 일본 해군이 발간한 『조선수로지』 1894년과 1899년 판에는 울릉도와 나란히 리앙쿠르 열암이 실려 있다고 했다. 그는 19세기 말에 "일본 해군의 수로국이 다케시마=독도를 조선령으로 인식하고 있었다는 것은 의심할 여지가 없다"고 주장했다. 호리에 따르면 메이지 유신 이후 일본 정부는 다케시마=독도에 독자적인 관심을 나타낸 적이 전혀 없었다. 그리고 호리는 "일본 정부에 관련된 모든 기관이 인식의 정도에 강약은 있지만 독도를 울릉도와 함께 조선령으로 보고 있었다"고 주장했다.[45] 호리는 일본이 1890년대 독도를 한국의 영토로 파악했고, 독도를 울릉도와 함께 인식했다는 사실을 주목했다.

19세기 일본의 각종 지도에 근거한 『해도』와 『수로지』가 불리하다고 판단되자 일본의 죽도 문제연구소는 새로운 논리를 개발했다.

사사키 시게루[佐々木茂]는 "『해도』와 『수로지』는 운항의 안전을 확보하기 위해 만든 것이지, 조선의 영토 범위를 나타내는 것이 아니다"고 주장했다. 그는 1896년 간행된 『조선전안(朝鮮全岸)』, 1894년 간행된 『조선수로지(朝鮮水路誌)』를 포함한 『해도』와 『수로지』의 독도 표기가 일본 정부의 영토 의식이 아니라고 주장했다. 그는 당시 수로부를 비롯한 일본 정부는 죽도를 조선 영토로 인식하지 않았다고 주장했다. 그는 "『해도』와 『수로지』에는 죽도를 울릉도의 속도가 아니라 단독으로 기재하고 있다"고 밝혔다.[46] 그는 자국의 『수로지』에 나타난 영토 의식조차도 부정했다.

후나스기는 1894년 일본 수로부에서 간행한 『조선수로지(朝鮮水路誌)』를 분

45) 堀和生(2008), 앞의 글, 101~102쪽.

46) 佐々木茂(2007), 「領土編入に關わる諸問題と資·史料」, 『竹島問題に關する調査研究最終報告書(平成 19年 3月)』, 60쪽.

석했다. 그는 "울릉도와 죽도 주변의 측량은 구미, 특히 영국의 측량결과를 기초로 했다"고 주장했다. 그는 『조선수로지』에서 "울릉도가 동경 130도 53분, 리앙쿠르섬이 동경 131도 55분으로 기록되었는데, 1편 총론에서 조선국의 범위 중 동쪽 끝이 동경 130도 35분으로 기록되었다"고 주장했다. 후나스기는 "조선의 동쪽 끝이 울릉도로 되어 있고, 지금의 죽도는 부속섬이 아니라 단독의 암석으로 기재되었다. 이러한 사실을 통해 수로부를 포함한 일본 정부가 죽도를 조선령으로 인식하고 있지 않았다"고 주장했다. 더구나 그는 "『해도』나 『수로지』의 작성 목적이 항행의 안전확보를 위한 것이고, 수로부(水路部)가 도서, 암초 등 『해도』 제작을 위한 조사기관이지 국경 획정 기관이 아니다"고 주장했다. 그는 1894년 『조선수로지』를 분석하면서 울릉도와 독도 측량을 영국의 측량기록의 결과라고 폄하했고, 『조선수로지』가 국경 획정을 의미하지 않는다고 주장했다.[47] 그런데 그는 『조선수로지』에 있는 독도 표기를 부정하면서도 한국의 동쪽 경계가 동경 130도 35분으로 인정하는 모순을 저질렀다. 더구나 후나스기는 일본의 죽도와 송도 인식 이후 일부 지도만 분석했고, 1882~1904년까지의 일본수로국의 지도 표기의 변화를 의도적으로 분석하지 않고 회피했다.

1877년 태정관문서에 기록된 죽도와 송도에 관한 위치에 대해서 한국과 일본은 논쟁을 벌였다. 그 과정에서 태정관문서 중 「기죽도약도」가 발견되었고, 여기에는 죽도가 울릉도, 송도가 독도라는 정확한 사실이 드러났다. 태정관문서를 주목한 일본학자 호리는 일본 정부가 죽도와 송도를 동일한 영유권으로 인정했다는 사실을 지적했다. 이것은 독도가 울릉도의 전통적 영유권 지역이라는 사실을 일본 정부가 스스로 인정했다는 점에서 중요한 의미를 갖는다.

47) 船杉力修(2007), 앞의 글, 153~154쪽.

이렇듯 죽도연구소를 비롯해 일본 정부는 19세기 후반 문헌과 지도가 일본에 불리하자 『해도』와 『수로지』가 영토 범위를 나타내는 것이 아니라고 주장했다. 또한 죽도 문제연구소는 1870년, 1877년 태정관문서가 일본 정부에 불리하자 "송도(독도)에 대한 정확한 기록이 없다"고 주장하면서 일본 정부의 공식문서조차도 부정했다.

IV. 서양의 울릉도·독도 명칭 규정과 일본의 수용

현재까지 서양인에게 독도가 최초로 발견된 것은 1849년 1월 27일 프랑스 르 아브르(Le Havre)항에 소재하던 윈슬루(Winslow) 회사 소속의 포경선 리앙쿠르호(Liancourt)라고 알려졌다. 프랑스 해군성은 리앙쿠르호의 로페즈(J. P. Lopes) 선장의 항해 보고서 중 독도 발견 내용을 파악하여 1851년에 발간한 『해도』와 『수로지』에 독도를 리앙쿠르 바위섬으로 표기했다.[48]

러시아 황제 니꼴라이 1세(Николай I)는 1852년 중국과 일본과의 개항을 추진하기 위해서 러시아 제독 뿌쨔찐(Е.В. Путятин)을 특사로 임명하고 러시아 함대 빨라다호(Паллада)를 극동지역에 파견시켰다. 빨라다호에 소속한 러시아 수송선 올리부차는 1854년 4월 6일 독도를 발견하고, 서도를 '올리부차(Оливуца)', 동도를 '메넬라이(Менелай)'라고 명명했다. 그리고 러시아 해군 항해부대 소속 지휘관 세르게예프 중령(Подполковник Сергеев)이 독도의 지형 측량을 실행했다.[49]

영국 군함 호네트(Hornet)호는 1855년 4월 25일 독도를 발견하고 호네트 암

48) 이진명(1998), 앞의 책, 45쪽.

49) Глушков В. В.(2006), 「동해상의 독도」, 『독도연구』 2, 186쪽.

초로 명명했다.[50] 『영국수로지』는 1858년 판에서 영국 군함이 발견한 독도를 호네트라고 기록했고, 1861년 판에서 1849년 프랑스 및 1854년 러시아에 의한 독도 발견 사실을 기록하면서 독도를 리앙쿠르로 수정했다.[51]

근대 일본에서 발간된 지도를 살펴보면, 일본 해군성 수로국은 1876년 『조선동해안도』를 발간했는데, 여기에서 독도의 명칭을 러시아 해군이 명명한 명칭인 '오리우츠(올리부차)'와 '메네라이(메넬라이)'로 채택했다. 또한 일본 해군성은 1883년 편찬한 세계수로지인 『환영수로지(寰瀛水路誌)』의 2권 5편 조선동안(朝鮮東岸)에서 독도를 '량코루또(リヤンコ-ルト)' 열암(列岩)으로 명명했고, 1886년 『환영수로지』의 2권 2판 제4편 조선동안에 '량코루또' 열암에 관해 소개했다. 이것은 1894년과 1899년 『조선수로지』 4편 조선동안 편에 수록되었다.[52]

이렇듯 서구열강은 독도 명칭과 관련해서 일본지도에 영향을 주었다. 기존 연구는 프랑스, 영국, 러시아를 비롯한 서구 열강이 울릉도와 독도의 명칭 규정 과정에서 구체적으로 어떤 영향력을 주었는가를 다음과 같이 설명했다.

프랑스 지리학자 당빌(J. B. B. D'Anville)은 당시 서양에서는 드물게 한국에 관한 자세한 지명을 표기한 「조선왕국전도(朝鮮王國全圖)」를 제작했다. 이 지도는 1735년 출판된 뒤 알드(Du Halde) 신부의 저서 『중국서술(4권)』 중 「조선 왕국 서술, 조선약사」 부분에 첨부되었다. 당빌의 「조선왕국전도」 속의 지명은 한자의 중국식 발음을 로마자로 표기한 것이다. 이 지도에 울릉도는 '판링-타오

50) China Pilot, London 1858, p. 289 ; 최석우(1985), 「구미측 문헌에 나타난 독도」, 『독도연구』, 350쪽.

51) China Pilot, London 1861, p. 379 ; 최석우(1985), 위의 글, 353쪽.

52) 신용하(2006), 앞의 책, 28, 129쪽. 호리에 따르면 19세기 말 일본 해군의 수로부 당국이 다케시마 독도를 조선령으로 인식하고 있었다는 것은 의심할 여지가 없다. 그리고 일본 해군은 울릉도에 대해서 직접 조사를 했으나, 리앙쿠르섬에 대한 정보는 모두 영국 해군의 수로지에서 얻었다. 堀和生(2008), 앞의 글, 102쪽.

(Fanling-tao, 樊凌濤, 鬱陵島)', 독도는 울릉도 왼쪽에 '챵찬-타오(Tchiang-chan-tao, 千山島, 丁山島, 于山島)'로 표기되어, 영일만 바로 앞 대륙에 아주 가까이 나타나 있다.[53)]

최석우는 당빌의 「조선왕국전도」는 「조선원도(朝鮮原圖)」를 바탕으로 제작되었는데, 「조선왕국전도」에는 울릉도와 우산도가 너무 연안에 붙여져 그려 있었기 때문에 도명의 혼란을 초래했다고 밝혔다.[54)] 그런데 후나스기는 「조선왕국전도」의 우산도는 독도가 아니라고 주장했다. 후나스기에 따르면 19세기 들어서자 챵찬-타오, 판링-타오를 동쪽으로 기재한 것 이외에 새로 아르고노트(Argonaut), 다줄레(Dagelet)가 기재되었다. 후나스기는 4가지 지명 모두가 지금의 울릉도라고 주장했다.[55)]

서양에서 울릉도를 최초로 발견한 것은, 1787년 5월 27일 프랑스의 장-프랑소아 갈로 라페루즈(Jean-Francois de Galaup Laperouse, 1741～1788) 탐험대에 의해서이다. 울릉도를 가장 먼저 목격한 천문학자 다줄레의 명칭을 사용해서 '다줄레'라고 명명했다. 당시 함대는 새로 건조한 두 척의 호위함인 부솔(Boussole)과 아스트롤라브(Astrolabe)로 구성되었다.

라페루즈 일행이 탐험 중 사용한 지도, 곧 당시 서양에서 만들어 통용하던 조선 지도에 울릉도는 판링(Fanling)으로, 독도는 그 바로 왼쪽에 챵찬(Tchiang-chan, 千山)으로 표시되었다. 라페루즈 탐험대가 제작한 『해도』에 보면 다줄레는 정확한 위치에 올려놓았으나, 대륙 가까이 있던 '판링-타오'와 '챵찬-타오'는 지우지 않고 그대로 두었다.[56)]

53) 이진명(1998), 앞의 책, 84～85쪽.
54) 최석우(1985), 앞의 글, 358쪽.
55) 船杉力修(2007), 앞의 글, 133쪽.
56) 이진명(1998), 앞의책, 27 · 32 · 42쪽. 이진명은 라페루즈 일행이 판링-타오와 다줄레

1797년 발간된 라페루즈의 세계탐험기 부속 지도첩에는 어디에도 동해에 부솔이란 이름의 섬은 없었다. 그런데 1864년 프랑스 해군성 해도국이 제작한 『해도』의 동해 부분에 부솔이란 이름이 울릉도 바로 옆의 조그만 섬 죽서에 맞추어져 나와 있고, 울릉도는 마쯔시마, 독도는 리앙쿠르 바위섬이라고 표기되어 있다.

1789년 울릉도가 영국인에 의해 발견되어 '아르고노트'로 명명됨으로써 그 후 한동안 울릉도 명칭의 혼란이 발생했다. 영국 해군의 콜넷(James Colnett) 제독은 함정 아르고노트(Argonaut)를 지휘하여 원산만 앞을 거쳐 울릉도 부근에서 동쪽으로 항해하면서 울릉도를 목격했던 것으로 보인다. 그런데 울릉도를 나타낸 것으로 보이는 섬 아르고노트의 위치는 대단히 부정확했다.[57)]

그런데 여기서 논란이 되는 것이 지볼트의 지도첩 중 「일본전도(日本全圖)」에 나타난 '마쯔시마(Matsusima, Mats-sima, I. Dagelet, 松島)'와 '다케시마(Takasima, Tak-sima, I. Argonaut, 竹島)'에 대한 명칭 규정이다. 지볼트가 명명한 마쯔시마와 다케시마라는 명칭을 어떻게 규정할 것인가라는 문제가 제기된다. 즉 다케시마를 독도로 명명할 수 있는지, 다케시마를 아르고노트라고 규정한다면 아르고노트를 무엇으로 명명할 수 있는지 등이 바로 그것이다. 이러한 해석상의 문제를 해결하기 위해서는 아르고노트라는 지명의 생성 과정, 아르고노트의 위치에 대한 연구의 필요성이 제기된다.

지볼트(Philipp Franz von Siebold, 1796~1866)는 독일 바이에른 지방 뷰르츠부르크(Würzburg) 태생으로, 대학에서 의학을 전공했다. 그는 동인도회사에 취직한 이후 1823년 일본 나가사키[長崎]의 데지마[出島]에 있던 화란상관(和蘭商館)의 의

섬이 동일한 섬이란 사실을 몰랐기 때문이라고 추정했다.

57) 이진명(1998), 앞의 책, 43·89쪽 ; 최석우(1985), 앞의 글, 358쪽.

사로 일했다. 이를 계기로 일본에서 의료 활동 및 의학을 강의했는데 틈틈이 일본의 자연, 동식물, 역사, 지리 등을 연구했다고 한다. 이를 통해 지볼트는 일본에서 서양학을 발전시키고 그 수준을 높이는데 기여했고, 독일로 돌아간 후에도 일본학 연구를 계속하면서 일본을 서구에 소개하는 데 큰 공헌을 한 인물로 평가받는다. 일본에 관한 지볼트의 저서 중 가장 대표적인 것으로는 『일본지(日本誌)』가 있다. 이 책은 1832년부터 시리즈로 출판되었고, 1854년 완간되었다. 그런데 1840년, 시리즈의 하나로 일본지도를 소개했는데 이것이 바로 「일본전도」다.[58)]

지볼트가 제작한 지도첩을 살펴보면 일본 주변을 나타내는 지도에 콜넷이 탔던 함정 이름을 '아르고노트'라고 기록했다. 지볼트가 제작한 또 다른 지도에는 아르고노트 섬 옆에 이를 브루톤(W.R. Broughton)이 발견했다는 내용을 적어 넣은 것도 있는데, 아마도 지볼트가 혼동을 일으킨 것으로 보인다. 1820년대부터 1850년대 말까지 서양의 지도에는 동해에 아르고노트(다케시마) 섬과 다줄레(마쯔시마) 섬 두 개의 섬이 나타나게 되었다.[59)]

아키오카 다케지로[秋岡武次郎]는 다줄레섬을 송도(松島), 아르고노트섬을 죽도(竹島)로 규정하면서 도명이 혼란스럽게 되었다고 설명했다. 아키오카는 지볼트가 다줄레섬을 송도로, 아르고노트섬을 죽도로 규정했는데 죽도였던 울릉도가 송도로 불리게 된 계기가 되었다고 주장했다.[60)] 아키오카는 지볼트가 「대일본세견지장전도(大日本細見指掌全圖)」, 「개정일본여지노정전도(改正日本輿地路程

58) 최석우(1985), 앞의 글, 345~346쪽 ; 남영우 · 김부성(2009), 「독일 지도학자 Siebold의 생애과 업적」, 『한국지도학회지』 9-1, 4~6쪽.

59) 이진명(1998), 앞의 책, 90쪽.

60) 秋岡武次郎(1950), 「日本海西南の松島と竹島」, 『社會地理』 27號 ; 川上健三(1966), 『竹島の歷史地理學的研究』, 古今書院, 10쪽.

全圖)」, 「개정일본도(改正日本圖)」, 「신판일본국대회도(新板日本國大繪圖)」, 「일본변계약도(日本邊界略圖)」 등을 참고해서 1840년 「일본전도」를 만들었다고 추정했다.

카와카미는 오늘날 죽도(竹島)가 일본에서는 메이지 초기까지는 일관되게 송도(松島)라는 이름으로 불리워졌다고 주장했다. 그러나 1700년대 말 이후 유럽인들이 섬 위치를 측정하는 도중 실수를 했고 도명을 정하는 데도 오류를 범하면서 혼란을 초래했다고 보았다. 1854년 러시아 군함 빨라다호가 울릉도의 위치를 정밀 측정했다. 이후 서양의 지도 중에는 아르고노트섬을 점선으로 표시한다든지 현존하지 않음이라고 기록했고, 점차 아르고노트라는 도명은 지도상에서 자취를 감추게 되었다.[61)]

호리는 19세기 중반 서양의 지도를 살펴보면 "동해에는 울릉도가 두 개 있거나, 독도를 포함해서 세 개의 섬까지도 그려져 있다"고 언급했다. 호리에 따르면 일본 육군참모국이 1875년 발간한 「조선전도」, 일본 문부성이 1877년 발간한 「일본전도」 등을 살펴보면 "울릉도가 다케시마와 마쯔시마 두 개로 그려져 있고, 현재의 독도인 다케시마가 빠져있다." 또 "울릉도는 에도시대와는 반대로 마쯔시마라는 명칭으로 불리게 되었고, 동해에 하나의 섬만 있는 지도가 나왔을 뿐만 아니라 민간에는 세 섬이 그려진 지도도 발간되었다"고 밝혔다. 그러면서 "1870년대부터 1880년 초엽에 걸쳐 일본 정부의 두 섬에 대한 인식은 상당히 혼란을 겪고 있었던 것으로 보인다"면서 "3도설·2도설·1도설이 있었고, 두 섬의 위치관계를 올바르게 파악한 지도는 적었다"고 주장했다. 호리는 "다케시마와 마쯔시마에 관한 서양의 정보 및 일본의 지식이 짜 맞춰지는 가운데 일본이 두 섬에 대한 인식의 혼란을 겪었다"고 주장했다.[62)]

61) 川上健三(1966), 앞의 책, 9·12·19쪽.

나이토에 따르면 18세기 후반부터 19세기 서양제국의 배가 일본해에 들어와 『해도』에도 없는 죽도 송도를 발견하고는 각각의 섬에 새로운 이름을 붙였다. 그 중 하나가 아로우 스미스의 「일본도(日本圖)」인데 죽도를 아르고노트, 송도를 다쥬레라고 불렀다. 지볼트가 아르고노트를 송도, 다쥬레를 죽도라고 적은 후로부터 일본에서는 울릉도인 죽도가 송도로, 송도가 죽도로 표기되었다. 그 후 죽도 즉 다케시마에 관해서는 리앙쿠르암, 호네트록이라고 명명되어 유럽과 미국의 지도와 『해도』에서 사용되었으며, 일본에서도 19세기 말에 량코도 또는 랑코도라고 불려지게 된다. 울릉도는 다쥬레 또는 송도가 되었다.[63)]

시모조는 지볼트의 「일본전도」에서 동경 129도 50분에 위치하는 죽도, 동경 130도 56분의 송도가 그려져 있다고 구체적으로 기록했다.[64)] 후나스기는 1851년 영국이 제작한 「일본·조선도(日本·朝鮮圖)」에서 판링-타오(울릉도), 아르고노트, 다줄레 등이 그려진 지도를 소개했다. 후나스기는 판링-타오(울릉도)와 아르고노트가 한국령으로 인식되었고, 다줄레는 무인도였다고 주장했다.[65)] 후나스기는 판링-타오와 다줄레의 관계를 모호하게 처리했다.

최석우에 따르면 지볼트는 1840년 제작한 「일본전도」에서 다줄레(울릉도)를 마쯔시마(송도)로, 아르고노트를 다케시마(송도)로 비정했다. 이것은 일본의 다케시마(다줄레), 울릉도론을 완전히 무시한 것이다. 그래서 일본은 도명(島名)의 혼란을 초래한 전적인 책임을 지볼트에게 돌리게 되었다.[66)] 최석우는 명칭의 혼란을 지볼트의 오류라고 주장하는 일본의 논리를 그대로 수용했다.

62) 堀和生(2008), 앞의 글, 96~97쪽.
63) 内藤正中(2005), 앞의 글, 13쪽.
64) 下條正男(2007), 앞의 글, 3쪽.
65) 船杉力修(2007), 앞의 글, 133쪽.
66) 최석우(1985), 앞의 글, 348·358쪽.

이진명은 1832년 제작한 「일본변계약도(日本邊界略圖)」와 1840년 「일본전도」를 주목했다. 이진명에 따르면 두 지도의 공통점은 다케시마(울릉도)가 마쯔시마(독도) 왼쪽에 나타나 있는 것, 두 섬의 명칭이 거의 동일하다는 것이다. 이것은 그때까지도 일본 지도에서 울릉도를 다케시마라 표기하고, 독도를 마쯔시마라 표기해 왔기 때문에 그와 일치한다. 그런데 같은 지도첩 내의 두 지도에서 차이점은 「일본변계약도」에는 '다카시마'가 마쯔시마 아래 약간 왼쪽에 있고, 「일본전도」에서는 훨씬 왼쪽 위에 있다는 점이다. 이진명은 지볼트의 지도에서 울릉도와 독도의 위치가 변화했지만 여전히 다케시마가 울릉도, 마쯔시마가 독도라는 일본의 인식을 수용했다고 판단했다.

이진명에 따르면 1850~1860년대 서양의 모든 『해도』와 지도에서 울릉도의 명칭으로는 다줄레와 마쯔시마가 사용되었다. 이는 과거 일본에서 독도를 가리키는 데 쓰였던 마쯔시마가 울릉도로 옮아간 결과처럼 된 것이다. 그리고 울릉도를 가리키는 데 쓰인 다케시마는 아르고노트와 함께 사라져 버렸고, 독도에 대해서는 동양 명칭이 없어지고 서양 명칭만 남았다. 일본은 독도에 대해서 프랑스 명칭 리앙쿠르의 일본식 발음인 '량코' 또는 '량코루또', 영국 명칭 또는 러시아 명칭, 과거와 같이 마쯔시마를 사용하는 등 심한 혼란을 보였다.[67)]

현대송은 도쿠가와 막부가 내린 다케시마 도해금지령 및 1881년 다케시마 도항금지령 등 지금까지 일본과 한국 사이에 언급된 다케시마는 울릉도였다. 그러나 현대송에 따르면 1840년 간행된 지볼트의 일본 지도가 울릉도를 마쯔시마라고 잘못 쓰고부터 유럽에서 만들어진 지도에서 점차 울릉도가 마쯔시마로 바뀌었다. 그 잘못된 이름이 다시 일본에서도 사용되어 울릉도가 마쯔시

67) 이진명(1998), 앞의 책, 91·94쪽.

마로, 마쯔시마가 다케시마[竹島]로 되었다.[68)]

죽도문제연구소를 비롯해 일본 정부는 일본이 역사적으로 오랫동안 독도를 인지하였고 영토 의식을 가지고 있었다고 주장하면서 지명을 둘러싼 혼란의 책임을 모두 지볼트에게 돌리고 있다. 최석우, 이진명, 현대송 등의 한국학자도 명칭의 혼란이 지볼트의 오류라는 일본의 논리를 대체로 수용했다. 그렇지만 죽도 문제연구소를 비롯해 일본 정부의 견해를 비판하는 국내외 학자들 대부분은 독도 명칭의 혼란이 역설적으로 일본인들 사이에 울릉도와 독도에 대한 정확한 인식이 부족했음을 반증하는 것이라고 주장했다.

그런데 지볼트의 지도에서 울릉도와 독도의 위치가 변화했지만 여전히 다케시마가 울릉도, 마쯔시마가 독도라는 일본의 인식을 수용했다는 이진명의 주장을 주목할 필요가 있다. 더구나 지볼트가 일본의 지도를 참고해서 「일본전도」를 제작했다는 사실을 참고한다면 일본의 다케시마 울릉도, 마쯔시마 독도라는 인식을 수용했다고 볼 수 있다. 즉 지볼트 때문에 지명의 혼란이 발생한 것은 아니라고 해석할 수 있다.

그렇다면 일본은 왜 19세기 후반 독도 명칭에 관해서 서양의 독도 명칭 규정을 수용했을까? 이 문제의 실마리는 일본이 1870~1877년 사이 확정한 죽도(울릉도)와 송도(독도)라는 명칭 규정을 포기한 사실에서 찾을 수 있다. 일본은 독도에 관한 서양 명칭의 수용을 통해서 울릉도와 독도의 상호 연관성을 부정할 수 있는 근거를 만들 수 있었다.

68) 현대송(2008), 앞의 글, 43쪽.

V. 맺음말

그동안 일본 정부는 1905년 행정조치로 독도를 자국영토에 편입하는 것이 정당했다고 주장했다. 그런 행위를 정당하다고 하는 주장에는 두 개의 견해가 존재한다.

카와카미를 대표로 하는 다수 의견은 독도가 근세 초엽 이래 일관되게 일본 영토였으므로 1905년의 조치는 단지 그것을 재확인한 것에 지나지 않는다는 것이다. 다른 하나의 소수 의견은 1905년 시점에 독도는 완전히 '무주지'이기 때문에 선점한 것이라고 보는 것이다. 이들 다수 의견과 소수 의견이 모두 1905년의 영토편입 조치를 두고 일본의 한국 침략과는 전혀 관계가 없다고 주장하는 점에서는 공통적이다.[69)]

최근 일본의 죽도 문제연구소는 19세기 일본의 『해도(海圖)』와 『수로지(水路誌)』 중 자국에 불리한 표기가 나타나자 "『해도』와 『수로지』가 운항의 안전을 확보하기 위해 만든 것이지, 한국의 영토 범위를 나타내는 것이 아니다"고 주장했다. 더구나 죽도 문제연구소는 일본의 『해도』와 『수로지』에 "죽도를 울릉도의 속도가 아니라 단독으로 기재하고 있다"며 "수로부와 일본 정부는 죽도를 한국 영토로 인식하지 않았다"고 주장했다.[70)]

하지만 일본 정부의 견해를 지지하는 학자를 제외한 기존 국내외 학자들은 "과거 일본이 독도에 대해 인식했는가"라는 근본적인 의문부터 제기했다.

이한기는 "독도가 일본 측의 주장과 같이 일본 고유의 영토로서 송도로 호칭되어 왔다면 끝까지 그것은 송도가 되어야만 옳지 않겠는가"라고 주장했

69) 堀和生(2008), 앞의 글, 127쪽.
70) 佐々木茂(2007), 앞의 글, 60쪽.

다. 이한기는 "일본이 지볼트의 지도를 추종하였다면 일본이 울릉도와 독도에 관한 지리를 알지 못했다"고 주장했다. 무엇보다도 나카이 요사부로[中井養三郎]는 리양고도의 소속이 결정되지 않았다는 사실을 스스로 기록했다. 그리고 일본 정부는 1905년 고유의 영토를 편입한 것이 아니라 무주지의 선점이라는 법리에 입각했다.71)

나이토도 "과연 일본이 독도에 관한 영유 의식이 있었는가"라는 의문을 제기했다. 그것은 역사적으로는 울릉도를 지칭하는 죽도와 대칭하여 송도라고 부르고 있었던 것을 잊어버리고 프랑스의 포경선이 명명한 리앙쿠르암을 도명으로 하여 영토 편입 수속을 취했다는 점이다.72)

일본의 인식 부족을 지적한 기존 국내외 연구는 현재까지 일본 외무부의 주장을 약화시키는 데 일정한 영향력을 주었다.

그런데 일본 수로국은 러시아, 영국, 프랑스 등 서양인의 근대 지도를 번안하고 종합해서 편찬했는데, 일본이 자국의 지도에 서양인의 지도를 채택한 이유가 분명치 못하다. 또한 일본이 언제 독도를 명확하게 인식했는가를 확인하는 작업도 필요하다. 왜냐하면 일본이 독도를 자국의 영토로 편입할 때 어떤 논리를 개발했는가를 보여줄 수 있기 때문이다. 무엇보다도 향후 한국과 일본의 근대 국가 수립과정에서 '영토 의식'에 대한 면밀한 검토도 필요하다. 그 과정에서 한국의 석도와 독도 명칭의 성립 과정이 규명될 수 있고, 일본의 죽도와 송도에 관한 인식의 변화가 이해될 수 있기 때문이다.

그동안 일본은 울릉도와 독도를 다음과 같이 인식하고 규정했다. 첫째 일본 정부는 1870~1877년 사이 죽도(울릉도)와 송도(독도)를 확정했고, 표기방식

71) 이한기(1969), 앞의 책, 255, 257쪽.
72) 內藤正中(2005), 앞의 글, 16쪽.

도 일관성을 갖고 있었다. 둘째 1877년을 기점으로 울릉도와 독도에 관한 명칭 규정이 정착되었고, 그 후 일본 정부는 일본 군함에 의해서 그 위치를 확인하는 작업을 병행했다. 그런데 일본 정부는 19세기 후반 서구의 명칭 규정을 근거로 울릉도와 독도에 관한 명칭의 혼란이 야기되었다고 주장했다. 즉 일본 정부는 송도(울릉도)와 죽도(독도)라고 명칭을 바꾸면서 그 근거를 1905년 지볼트의 명칭 혼란을 이유로 제시했다.

일본은 1905년 당시 무주지인 독도를 편입했다는 논리를 성립시키기 위해서 독도에 관한 중립적인 명칭이 필요했던 것으로 보인다. 그런데 일본은 1870~1877년 사이 중앙 정부가 공식적으로 죽도와 송도라고 규정하면서 두 섬을 한국의 영토라고 인정했다. 따라서 다케시마(죽도)와 마쯔시마(송도)라는 명칭을 그대로 사용하면 일본 정부는 무주지에 대한 편입을 주장할 수 없었고, 일본의 고유영토라고 주장할 수 없는 상황이었다. 따라서 일본 정부는 당시 국내외 지도를 분석하면서 지볼트가 아르고노트와 다줄레를 정확하게 인식하지 못했다는 사실을 찾아냈고, 서구 지도에서 독도에 대한 명칭이 리앙쿠르, 메넬라이와 올리부차, 호네트 등으로 사용된 사실을 확인했다. 더구나 일본 정부는 자국이 작성한 일부 지도 중 송도(울릉도)와 리앙쿠르(독도) 등의 명칭을 채택하고 있다는 사실도 주목했다.

결국 일본 정부는 지볼트 때문에 일본이 명칭의 혼란을 겪었다고 주장하면서 울릉도와 독도가 한국 영토라는 사실을 부정할 수 있었다. 또한 서구 명칭 중 가장 널리 사용되는 리앙쿠르를 사용하여 독도가 무주지의 영토라고 착각하게 만들었던 것으로 보인다.

하나의 명칭을 규정하기 위해서는 그 대상에 관한 정확한 표현 및 당대 사람들의 숨결이 묻어나야 한다. 특히 정치적인 영향력에 따른 인위적인 명칭 변화를 허용해서는 안 된다. 그동안 한일 양국은 울릉도와 독도에 관한 자국의 고유한 명칭을 유지하려고 노력했다. 그 이유는 울릉도와 독도를 자국의 영유권으로 주장하기 위한 근거로 마련하려고 했기 때문이다. 그런데 한일 양국의 울릉도와 독도 명칭 규정에는 뚜렷한 차이가 존재한다. 한국은 자국의 영토라는 의식에서 오랜 명칭 규정의 일관성이 있었지만 일본은 자국의 영토라고 규정해야 한다는 의식 때문에 명칭을 일부로 바꿨다는 점이다.

근대 독도 명칭 규정 과정을 살펴보면 한일 양국의 독도 문제에 관한 입장 차이가 드러난다. 무엇보다도 한일 양국의 독도 명칭 규정은 독도 문제에 관한 근본적인 문제점을 보여준다. 그것은 일본의 정치적인 의도가 독도 명칭 규정에 숨겨져 있기 때문이었다.

• 참고문헌

堀和生(2008), 「1905년 일본의 다케시마(竹島) 영토편입」, 『한국과 일본의 역사인식』, 나남.

김정숙(2005), 「독도에 대한 역사 지리적 인식」, 『독도연구』 1.

大西俊輝 저, 권오엽 역(2004), 『독도』, 제이앤씨.

方鍾鉉(1947), 「獨島의 하루」, 『경성대학예과신문』 13.

배성준(2002), 「울릉도 독도 명칭 변화를 통해서 본 독도 인식의 변천」, 『진단학보』 94.

선우영준(2006), 「독도 영토권원의 연구」, 성균관대학교 행정학과 박사학위논문.

신석호(1965), 「獨島의 來歷」, 『獨島』, 大韓公論社.

윤소영(2005), 「일본 메이지 시대 문헌에 나타난 울릉도와 독도 인식」, 『독도연구』 1.

이병도(1965), 「독도의 명칭에 대한 사적고찰」, 『獨島』, 大韓公論社.

이병도(1976), 「우산 죽도의 명칭고」, 『한국고대사연구』, 박영사.

이진명(1998), 『독도 지리상의 재발견』, 삼인.

정병준(2009), 「해방 이후 한국의 독도 인식」, 『국제질서의 변용과 영토문제』, 동북아역사재단 주최 국제학술대회.

최석우(1985), 「구미측 문헌에 나타난 독도」, 『독도연구』, 1985.

한철호(2007), 「독도에 관한 역사학계의 시기별 연구동향」, 『한국근현대사연구』 40.

허영란(2008), 「독도 영유권 문제의 주요 논점과 '고유 영토론'의 딜레마」, 『이화사학』 36.

허영란(2004), 「독도 영유권 문제의 현황과 전망」, 『독도분쟁의 국제법적 이해』, 학영사.

현대송(2008), 「독도 문제의 쟁점, 그 기원과 현황」, 『한국과 일본의 역사인식』, 나남.

和田春樹(2008), 「동아시아 영토 문제에 관한 일본의 정책」, 『한국과 일본의 역사인식』, 나남.

內藤正中(2005), 「竹島固有領土論の間題点」, 『鄕土硏』 69號.

下條正男(2004), 『竹島は日韓どちらのものか』, 文春文庫.

下條正男(2008), 「獨島呼稱考-韓國政府版「獨島 : 六世紀以來韓國の領土批判」」, 『人文·自然·人間科學研究』 19號, 拓殖大學人文科學研究所.
下條正男(2008), 「獨島呼稱考」, 『竹島問題に關する調査研究報告書(平成 20年 7月)』, Web竹島問題研究會.
塚本孝(1994), 「竹島領有權問題の經緯」, 『調査と情報』 244, 國立國會圖書館.
塚本孝(2007), 「奥原碧雲竹島關係資料(奥原秀夫所藏)をめぐって」.
塚本孝(2008), 「竹島領有權紛爭の焦点-國際法の見地から」, 『竹島問題に關する調査研究報告書』, Web竹島問題研究會.
下條正男(2007), 「最終報告にあたって」, 『竹島問題に關する調査研究 最終報告書(平成 19年 3月)』.
船杉力修(2007), 「繪圖地圖からみる竹島(II)」, 『竹島問題に關する調査研究 最終報告書(平成 19年 3月)』.
佐々木茂(2007), 「領土編入に關わる諸問題と資·史料」, 『竹島問題に關する調査研究　最終報告書(平成 19年 3月)』.
秋岡武次郎(1950), 「日本海西南の松島と竹島」, 『社會地理』 27號.
川上健三(1966), 『竹島の歴史地理學的研究』, 古今書院.

Van Dyke John M.(2008), 「독도문제의 제기와 해결」, 『독도 : 역사적 인식과 국제법적 정의』, 동북아역사재단 주최 국제학술대회.
Казарьян Р.Л.(2006), 「독도의 문제점에 관하여」, 『독도연구』 2.
Глушков В.В.(2006), 「동해상의 독도」, 『독도연구』 2.

〈ㄷ〉

〈ㄹ〉

〈ㅇ〉

〈ㅋ〉

〈ㅌ〉

〈ㅍ〉

〈ㅎ〉

〈기타〉

동북아역사재단 기획연구 33

독도와 한일관계
-법·역사적접근

초판 1쇄 발행 2009년 12월 9일
초판 3쇄 발행 2010년 12월 20일

지은이 곽진오, 김영수, 김용환, 유하영, 홍성근
펴낸이 정재정
펴낸곳 동북아역사재단

등록 제312-2004-050호(2004년 10월 18일)
주소 서울시 서대문구 의주로 77 임광빌딩
전화 02-2012-6065
팩스 02-2012-6187
e-mail book@historyfoundation.or.kr

ISBN 978-89-6187-164-8-93300